ÉTUDES
SUR
LA MUSIQUE GRECQUE
LE PLAIN-CHANT
ET LA TONALITÉ MODERNE

SE VEND À PARIS

CHEZ AUG. FONTAINE, LIBRAIRE

35 ET 36, PASSAGE DES PANORAMAS

ÉTUDES
SUR
LA MUSIQUE GRECQUE
LE PLAIN-CHANT
ET LA TONALITÉ MODERNE

PAR ALIX TIRON

Non canimus surdis. (Virg.)

PARIS

IMPRIMERIE IMPÉRIALE

M DCCC LXVI

TOUS DROITS RÉSERVÉS

AU LECTEUR.

—⸺—

Cher lecteur,

Ces études doivent l'honneur d'être placées sous tes yeux aux pressantes instances d'une amie à qui je les ai adressées, femme aussi distinguée par ses rares connaissances que par la grâce de son esprit. Elles sont extraites d'un travail théorique sur l'harmonie, auquel je consacre mes loisirs et que je crains de ne pouvoir achever. En les soumettant dès aujourd'hui à ton jugement éclairé, je ne veux pas surprendre ta bonne foi. Tu serais dans l'erreur si tu te croyais en présence d'un savant ou d'un musicien consommé. Mon seul mérite, comme ma seule consolation en vieillissant, est de n'avoir pas complétement négligé la culture du peu d'intelligence que la Providence m'a départi. Vois, cependant, jusqu'où va ma témérité! Dans ce livre, écrit avec la liberté d'une causerie intime, j'aborde, presque sur un ton d'autorité, les questions de principe les plus graves; je me permets de contester l'exactitude des textes anciens et de leurs commentaires: j'ai, enfin, la présomption d'émettre des idées nouvelles! C'est là une tentative qui m'attirera, peut-être, de sérieuses réfutations. Elles ne sauraient me décourager, et je n'en poursuivrai pas avec moins de chaleur l'œuvre que j'ai commencée, œuvre laborieuse, qui, je l'espère, sera plus digne de ta bienveillante attention.

Ton affectionné serviteur,

A. T.

A MADAME ***

EXPLICATION

DES

ABRÉVIATIONS EMPLOYÉES DANS LES EXEMPLES.

Chro. Chromatique.
Com. Comma.
C. Conjonction.
Diat. Diatonique.
D. Disjonction.
Do. Dominante.
Esp. Espèce.
F. Finale.
Inf. Inférieur.
Maj. Majeur.
M. Mèse.
Min. Mineur.
Pe. Pentacorde.
P. Proslambanomène.
Sup. Supérieur.
T. Tétracorde.
T. C. Tétracorde conjonctif.

Ro. Rouge.
Or. Orangé.
Ja. Jaune.
Ve. Vert.
Bl. Bleu.
In. Indigo.
Vi. Violet.

ÉTUDES
SUR
LA MUSIQUE GRECQUE.

ÉTUDE I.

INTRODUCTION. De la musique chez les Grecs; de sa prééminence entre les sciences et les arts; de son influence morale et politique; des difficultés que présente son étude.

En me demandant de mettre en ordre les matériaux que j'ai recueillis sur la musique grecque et les idées personnelles qu'ils m'ont suggérées, vous me condamnez à un labeur bien ingrat, stérile peut-être. Comment, en effet, aurais-je la présomption d'avoir plus de succès que mes devanciers dans une voie tellement hérissée d'obstacles, que nul d'entre eux n'a pu la parcourir sans s'égarer? Ne vous imaginez donc pas que votre ardente curiosité sera satisfaite. Le résumé que je vais vous offrir vous paraîtra trop succinct, j'ai lieu de le craindre, mais vous y trouverez au moins des détails intéressants, et, si les appréciations dont je les accompagnerai n'obtiennent pas votre assentiment, je suis assuré d'avance que vous me tiendrez compte de mes efforts et de ma bonne volonté.

Le système musical des Grecs semble destiné à rester à jamais entouré de mystères. On sait bien que les principes de ce système reposaient sur trois genres : le diatonique, le chromatique et l'enharmonique, dont les deux premiers se subdivisaient en plusieurs espèces; que la diversité des genres résultait de l'étendue, respectivement variable, des trois intervalles dont le tétracorde se composait; que, dans l'établissement des diagrammes, les tétracordes étaient tantôt conjoints et tantôt disjoints; que de l'ensemble de ces combinaisons, on avait constitué un nombre considérable de modes, etc. etc. Mais, quand il s'agit d'approfondir ces notions premières, de les dégager de leurs formules, de les examiner sous leurs différents aspects, on n'a plus sous les yeux qu'un tissu d'incohérences et d'obscurités à fatiguer la patience la plus opiniâtre. Tant d'erreurs ont pu être commises dans les copies des manuscrits, ainsi que dans les traductions et les interprétations dont ils ont été l'objet, à des époques plus ou moins éloignées, et sous des influences de diverse nature! Parviendrai-je à faire jaillir un rayon de lumière au milieu de ténèbres si épaisses? Voilà mon vœu : sera-t-il réalisé?

Si, au point de vue de l'état social, on compare le degré d'importance auquel l'art de la musique était appelé, chez les Grecs, à celui que nous lui accordons dans les temps modernes, on voit que, bien plus que nous, ils tenaient cet art en honneur : il est constant que leur sensibilité en était plus affectée que la nôtre.

Je ne m'arrêterai pas aux fictions allégoriques d'Orphée, d'Amphion, de Musée et autres, quoique ces fictions aient leur source dans le génie poétique et enthousiaste de ce peuple si éminemment doué de tous les nobles instincts. Nous ne pouvons cependant révoquer en doute les assertions des historiens les plus sérieux, quand ils racontent les effets merveilleux que la musique produisait sur les esprits.

Dans l'origine, la musique était consacrée à chanter les louanges de la Divinité et à enflammer les cœurs de l'amour de la vertu; mais, dès le xe siècle avant l'ère vulgaire, elle commençait à perdre son caractère moral et religieux, puisque Lycurgue défendait, pendant la guerre, l'usage de certains modes trop efféminés, et ne les permettait, pendant la paix, que par tolérance.

Les règlements sur les principes de la musique faisaient partie des institutions publiques, et la moindre infraction était considérée et punie comme un outrage aux bonnes mœurs. « On ne saurait toucher aux règles de la musique, « disait Platon, sans ébranler les lois fondamentales du gou- « vernement. » Les magistrats veillaient à leur rigoureuse exécution. Le nombre des cordes de la lyre était même déterminé, et, pour l'avoir porté à sept, Terpandre, dont les chants avaient le pouvoir d'apaiser les émeutes et de guérir même des maladies, fut condamné à une amende. Plus tard, Timothée, le célèbre musicien de Milet, introduisit un nouveau genre à Lacédémone; la cithare dont il se servait n'avait pas moins de onze cordes, et ses mélodies, suaves et énervantes, provoquèrent un entraînement presque général à la mollesse et à la volupté. Les éphores s'en émurent et n'hésitèrent pas à prononcer son bannissement; quelques auteurs assurent toutefois qu'on se borna à le censurer publiquement, en lui enjoignant de retrancher de sa lyre les cordes nouvelles qu'il y avait ajoutées, contrairement aux lois de l'État. D'autres célèbres musiciens, parmi lesquels je ne citerai que Phrynis, durent aussi subir des châtiments pour des innovations analogues.

Vous voyez quels soins scrupuleux on prenait pour renfermer la pratique de la musique dans de sages limites.

Mais, d'un autre côté, on en protégeait l'étude, et on allait jusqu'à en faire un devoir dans l'éducation du citoyen. Les deux premiers éléments de l'enseignement primaire étaient la grammaire et la musique, et on n'apprenait pas l'une sans l'autre. Dans les fêtes publiques, la musique n'était jamais séparée de la poésie. Hésiode manqua le prix, aux jeux pythiques, pour s'être mal accompagné de sa lyre. L'orateur, comme le poëte, qui était dépourvu du sens musical, était frappé d'incapacité aux yeux du peuple. Socrate, dont l'éducation première avait été négligée, dut, pour la compléter, s'adonner à la musique dans un âge très-avancé.

On chantait dans toutes les occasions et surtout à la fin des repas. Les convives se passaient alternativement une branche de myrte, et celui qui la recevait était obligé de payer son tribut mélodique. Lorsqu'il n'était pas musicien, un autre chantait à sa place, pendant qu'il tenait le myrte à la main. Thémistocle, qui n'avait jamais étudié la musique, dut un jour subir cette humiliation, et il n'en fallut pas davantage pour le déconsidérer et le faire taxer d'ignorance. Par analogie, un homme n'avait-il aucune connaissance des sciences et des belles-lettres, on disait de lui qu'il « chantait au myrte. »

La musique, en effet, n'était pas seulement un art, elle était une science; on la nommait la sœur de l'astronomie et on la plaçait à son niveau, par cette raison que « les mouve- « ments harmoniques sont, pour l'oreille, ce que les mou- « vements astronomiques sont pour les yeux. » Ne nous étonnons donc pas que les savants et les philosophes de l'antiquité l'aient pratiquée et en aient longuement parlé dans leurs écrits. Ne nous étonnons pas non plus que les principales charges de l'État aient été si souvent réservées aux meilleurs musiciens, qui, à ce titre seul, étaient réputés les hommes les plus éclairés de l'époque. Je lis dans un des dialogues de Platon : « Ne dis-tu pas d'un homme qu'il est « musicien, d'un autre qu'il ne l'est pas? — Oui. — Lequel « des deux est intelligent, lequel ne l'est pas? — Le musi-« cien est intelligent, l'autre ne l'est pas. — L'un, comme « intelligent, est habile; l'autre est inhabile, par la raison « contraire. — Oui. »

Quoique l'étude de la musique prenne plus de consistance aujourd'hui, et que la protection persévérante de notre Gouvernement tende à la propager dans toutes les classes de la société, nous restons bien en deçà des Grecs; et pourquoi? C'est que la musique, chez nous, n'est absolument qu'un art pratique, qu'on apprend en mettant, en quelque sorte, de côté son intelligence proprement dite, tant l'enseignement en est machinal et routinier. Parlez de l'*harmonie* à un savant, quel qu'il soit; il saura à peine ce que vous voulez lui dire, et peut-être ira-t-il même jusqu'à vous prendre en pitié. Nous avons, il est vrai, d'illustres compositeurs au nombre des membres de l'Institut, mais, j'ai le courage de le dire, ils ne sont, pour quelques-uns de leurs collègues, que des arrangeurs de notes dont les combinaisons, attribuées au hasard plus qu'au talent, leur semblent n'avoir d'autre but que celui d'amuser un public voué aux distractions les plus frivoles. Mozart, Grétry, Mendelssohn, Halévy, ont cependant prouvé qu'on pouvait être à la fois grand musicien et écrivain remarquable. D'autres marchent sur leurs traces, et, en considérant l'essor que prend la musique, le besoin qu'on éprouve de plus en plus des douces sensations qu'elle fait naître, et les résultats moraux qu'on a droit d'en attendre, espérons que l'harmonie, qui en est la véritable base, finira par atteindre, au milieu de toutes les sciences, le rang qu'elle mérite d'occuper dans notre organisation sociale.

Mais, pour en arriver là, il faudrait que la musique fût admise comme une partie intégrante de l'éducation et non plus comme un simple art d'agrément qu'on ne permet aux jeunes gens de cultiver que pendant les heures de récréation. Il faudrait qu'elle eût ses concours et ses prix dans les colléges, aussi bien que la rhétorique, la philosophie, les mathématiques, etc. etc. Il faudrait, d'un autre côté, qu'on fît main basse sur ces préjugés surannés qui veulent faire respecter l'état actuel de l'harmonie comme une arche sainte qu'on ne saurait toucher sans être accusé d'hérésie. Et n'est-ce pas faire un outrage à cette belle science que de la condamner à rester indéfiniment stationnaire, pendant que les autres, ses sœurs, font tous les jours de nouveaux progrès? Je suis loin, néanmoins, de méconnaître l'influence des traditions. Personne n'admire plus que moi celles que nous ont léguées les grands maîtres dans leurs compositions musicales, mais c'est uniquement sous le rapport de l'art. En fait de théorie, les traditions n'ont de valeur qu'autant qu'elles reposent sur des principes irréfutables, et aucun des systèmes qui ont été proposés jusqu'à ce jour, pour asseoir la science des accords, ne saurait résister à l'examen judicieux du philosophe.

Si les vœux que je viens de former étaient exaucés, le jeune élève qui voudrait se livrer à l'harmonie ne serait plus forcé d'aller chercher ses professeurs dans un des rares conservatoires que l'État a institués et, par là, de négliger souvent, d'abandonner même ses autres études. C'est là un inconvénient regrettable, car la culture des sciences et des lettres contribue aussi éminemment au développement de l'instinct musical que l'étude de la musique au développement de l'instinct littéraire et scientifique. Les anciens disaient : « Telle est la musique, tel est l'homme; » et je dirai à mon tour : tel est l'homme, telle est la musique. Le génie est bien rarement le partage de ceux qui n'ont de toutes choses que les notions les plus superficielles. L'esprit ne devient créateur qu'à force de s'exercer et de comparer, et les Grecs l'avaient parfaitement compris. Plutarque dit : « S'il y a doncques homme qui veuille bien et avec droit « jugement user de la musique, qu'il imite l'ancienne ma-« nière, mais cependant qu'il la remplisse encore des autres « sciences et qu'il apprenne la philosophie, pour le conduire « comme par la main. » (Trad. d'Amyot.)

La musique enfin était, pour l'âme, ce que la gymnastique était pour le corps, et l'une et l'autre se prêtaient un mutuel appui. C'est l'exercice simultané de ces deux arts, suivant la plupart des philosophes, qui féconde le germe de l'intelligence. Platon même allait plus loin : « Ce n'est pas, « dit-il, pour cultiver l'âme et le corps (car, si ce dernier en « tire quelque avantage, ce n'est qu'indirectement), mais « pour cultiver l'âme seule et perfectionner en elle le cou-« rage et la sagesse, que les dieux ont fait présent aux « hommes de la musique et de la gymnastique. » La musique avait donc pour destination d'adoucir les mœurs, de détruire ces entraînements sauvages auxquels l'homme n'est parfois que trop porté, et de mettre un frein aux écarts des caractères trop violents. « La rudesse et la férocité des Cynaï-« thiens, dit Polybe, n'ont d'autre cause que l'abandon des « sages institutions de leurs ancêtres, les Arcadiens, institu-

« tions dont la musique était la base principale. » Les Arcadiens voulaient qu'on s'en occupât dès l'enfance et qu'on continuât de s'y appliquer, pendant l'âge adulte, jusqu'à trente ans. Quoique leur caractère fût grave et austère, ils avaient le plus grand mépris pour celui qui n'était pas instruit dans l'art de chanter.

Quand Clinias se sentait un mouvement de colère, il jouait de la cithare; et, si on lui demandait pourquoi, il répondait : « Je me calme. »

Ai-je besoin de vous rappeler les fureurs du bouillant Achille, qui ne pouvaient résister aux sons mélodieux de la lyre; les fiévreuses ardeurs du roi Saül, qui se dissipaient quand il entendait les chants et la harpe de David, et tant d'autres faits consignés dans l'histoire, qui constatent la puissance physique et morale de la musique?

Voyez les Chinois, ce peuple qui, sans le concours d'immigrations étrangères, s'est élevé à un si haut degré de civilisation! Ils appellent la musique *la science des sciences;* et, parmi les ministères qui constituent leur gouvernement, il en est un qui est exclusivement chargé de tout ce qui a rapport à l'enseignement de la musique et à sa direction civile et religieuse. Fonder une administration toute spéciale pour une seule science ou un seul art, n'est-ce pas lui rendre le plus beau des hommages? Et ce fut un laboureur qui, monté sur le trône, créa ce ministère : « Je « veux, disait-il, que les préceptes de la morale soient « écrits en poésie, chantés sur des mélodies douces et sym- « pathiques et accompagnés par les instruments. » La musique, d'après lui, était la véritable expression des sentiments humains et le moyen le plus propre à graver les maximes de la sagesse dans la mémoire de ses sujets.

Les plus anciennes nations attachaient donc une grande importance à l'influence moralisatrice de la musique, et nous, nous commençons à peine à entrevoir les résultats bienfaisants et salutaires qu'on peut en obtenir.

Les Grecs ont été des maîtres inimitables dans les arts, en architecture, en sculpture, en peinture, aussi bien qu'en poésie, en éloquence, en philosophie, et ce serait un non-sens de douter qu'ils n'eussent également excellé dans la musique. Quant à nous former une opinion exacte du degré de perfection que cet art a pu atteindre chez eux, ne soyons pas assez téméraires pour l'entreprendre. Contentons-nous d'avoir foi dans les récits des historiens sur les effets irrésistibles de leurs chants, et regrettons que les misérables lambeaux qui nous en restent, et dont l'authenticité est encore très-contestable, ne nous permettent pas d'en apprécier le mérite.

Mais si, au point de vue de l'art, la musique, chez les Grecs, a pu faire de rapides progrès, nous devons reconnaître que, au point de vue théorique, le principe sur lequel elle était fondée opposait à son développement régulier une barrière infranchissable. D'autre part, les tentatives de leurs savants, pour déterminer mathématiquement la valeur relative des sons et de leurs intervalles, devaient nécessairement amener de graves complications, et les violents débats qui en ont été la suite n'ont servi qu'à consolider des erreurs qui se sont perpétuées jusqu'à nous. N'essayons donc pas de rétablir le système musical des Grecs, sur l'étude seule du petit nombre d'ouvrages spéciaux dont les textes nous ont été transmis altérés ou incomplets, et qui n'exposent, au reste, que des théories hypothétiques ou arbitraires. Ne consultons aussi qu'avec quelque défiance ces commentaires, souvent diffus ou sans portée sérieuse, qu'on a multipliés à l'infini, sur des phrases, des locutions et des mots, dont il ne nous est plus permis de comprendre la signification réelle. Suivons une autre marche, et n'acceptons, pour base de nos spéculations, que les données, et elles sont malheureusement bien restreintes, dont l'évidence ne peut être contestée. Mettons-nous enfin aux lieu et place des Grecs, en nous reportant au grand siècle qui commença avec Périclès et finit avec Platon, et raisonnons, comme ils ont dû le faire eux-mêmes, en ne nous appuyant que sur les éléments primitifs de leur musique qui, seuls, sont irrécusables. Ne sommes-nous pas les mêmes hommes et ne devons-nous pas avoir les mêmes inspirations? La nature humaine n'est-elle pas immuable dans son essence? Ne suffit-il pas que nous en fassions jouer les merveilleux rouages, pour reproduire en nous les mêmes perceptions et les mêmes sensations que celles qui ont dirigé nos ancêtres dans les perfectionnements de l'art?

ÉTUDE II.

ÉTUDE II.

Des éléments constitutifs de la musique grecque, et, en particulier, de l'intervalle de quarte; de la lyre à son origine et de ses modifications successives; du tétracorde et de ses divisions mélodiques; des premiers systèmes et de leur extension progressive; des genres diatonique, chromatique et enharmonique.

Chose remarquable! La première consonnance qui, après l'unisson, ait fixé l'attention des Grecs, fut l'intervalle de quarte, dont ils ont fait la pierre d'assise de leur système musical. Ils n'ont compris que plus tard celles de la quinte et de l'octave, dont les intervalles n'ont été pour eux que relatifs ou secondaires. Ils ont donc suivi une marche opposée au principe qui leur aurait été indiqué par les harmoniques consonnants d'un son générateur, s'ils en eussent eu l'intuition, ou si la sonorité de leurs instruments eût été assez puissante pour leur en révéler la production ascendante. Aristote est le seul des philosophes de l'antiquité qui se soit posé ce problème : « Pourquoi un son finit-il toujours « plus aigu ? » Ce problème, il n'a pas même cherché à le résoudre, car il se borne à dire : « Serait-ce parce qu'il « s'amoindrit en devenant plus faible? »

Les intervalles de quarte, d'octave et de quinte, dont les rapports directs et indirects suffisent pour obtenir un sens tonal, quelle que soit leur disposition respective, furent les seuls que les Grecs aient admis en qualité de consonnances, et ils décidèrent, avec raison, la stabilité ou l'invariabilité des sons qui les constituaient. Les autres sons qui s'intercalaient entre ces intervalles consonnants, étant susceptibles de flexibilité, furent appelés *variables* ou *mobiles*, et les intervalles dans la formation desquels ils entraient furent réputés dissonants. D'après cette doctrine, la consonnance ou la dissonance d'un intervalle dépendait de l'invariabilité ou de la variabilité des sons dont il était composé. Il y avait toutefois des intervalles consonnants de quarte, d'octave et de quinte, qui s'établissaient d'une note variable à une autre note également variable, mais ces intervalles consonnants n'étaient pas fondamentaux. Les tierces majeure et mineure furent, dès lors, classées parmi les dissonances, et l'erreur capitale dans laquelle les Grecs sont tombés quant à la nature de ces intervalles, erreur qu'ils n'auraient pas commise, si, au lieu de la quarte, ils eussent pris la quinte pour intervalle fondamental, les a empêchés de pénétrer dans les secrets de cette science qui est si justement appelée *harmonie*. La tierce est en effet le complément indispensable de tout accord, de même que la quinte en est la base élémentaire.

De tous temps le mot *harmonie* a eu une signification générale : il s'applique à la justesse, à la régularité, à la concordance des rapports, proportions ou mouvements, dans les œuvres de la nature et de l'art, dont l'ensemble plaît à la fois à nos sens et à notre intelligence. De tous temps aussi sa signification spéciale s'est rattachée à la musique. Mais, chez les Grecs, un accord résultait d'une succession de sons, lorsque, chez nous, il se compose de sons émis simultanément. Cette modification si radicale de l'idée que représente le mot *harmonie*, dans notre langage musical, oblige souvent les commentateurs, pour rendre la pensée des anciens auteurs, à le traduire par *musique*, *mélodie*, et quelquefois même par *mode* ou *gamme*.

Les probabilités alléguées par certains savants pour démontrer que les Grecs ont eu quelque connaissance des agrégations harmoniques sont tellement futiles, qu'elles ne sauraient résister à la moindre discussion. L'un d'eux assure qu'ils s'accompagnaient parfois de la tierce majeure, et, pour toute réponse, je lui demanderai dans quel siècle, car les arts et les sciences subissent la loi du progrès, et l'on sait combien d'années se sont écoulées avant que la tonalité moderne se fît jour dans toute sa splendeur et son admirable perfection. Si les anciens Grecs ont accompagné leurs chants d'autres sons que ceux à l'unisson (*homophonie*) ou à l'intervalle d'octave (*antiphonie*), ce que je ne crois pas, ils n'ont pas su se rendre compte des relations qui existent entre les divers degrés de la gamme, à l'exception de celles d'après lesquelles ils ont formé une unité tonale imparfaite. Aristote dit positivement « qu'aucun intervalle consonnant, « autre que l'octave, ne se jouait ni ne se chantait en con- « cert. »

Dans l'ignorance où l'on est resté des combinaisons harmoniques, la mélodie devait être et a été le seul point de mire de la musique. L'intervalle de quarte étant le principe fondamental, il en résulta que l'intervalle de quinte n'eut qu'un caractère constitutif accessoire. Théon de Smyrne disait : « La consonnance qui gouverne tout est « celle de la quarte ; c'est d'elle que toutes les autres se dé- « duisent. »

Sans chercher à se l'expliquer, les Grecs ont eu l'instinct de ce fait que, dans quelque succession mélodique que ce soit, par voie descendante ou ascendante, tout son qui se produit à l'intervalle de quarte de l'un de ceux qui l'ont précédé est doux à l'oreille. Rappelez-vous la dureté, dans la tonalité d'*ut* majeur, de la série diatonique *si*, *la*, *sol*, *fa*, ou *fa*, *sol*, *la*, *si*, dont les notes extrêmes résonnent à l'intervalle de quarte augmentée.

L'intervalle de quinte diminuée est sans doute équipollent à celui de quarte augmentée, mais, au lieu de deux sons intermédiaires, il en contient trois, qui constituent, avec l'un des deux sons extrêmes, une division mélodique régulière, et les successions *si*, *ut*, *ré*, *mi*, *fa*, ou *fa*, *mi*, *ré*, *ut*, *si*, nous plaisent, parce que, dans la première, le *fa* se fait entendre après l'*ut*, comme, dans la seconde, le *si* se fait entendre après le *mi*, à l'intervalle de quarte juste, intervalle qui ne se rencontre pas dans une succession de *triton*. Il est constant, d'ailleurs, que le triton était rigoureusement défendu dans la musique des Grecs, qui allaient jusqu'à en faire un objet d'abomination. Aussi Gaudentius s'est-il étrangement trompé, quand il a dit qu'ils employaient cet intervalle dans leurs accompagnements.

L'intervalle de quarte a donc été la base d'opération des premiers musiciens, dont les chants devaient être d'autant plus naïfs, qu'ils étaient dictés par une intelligence peu cultivée. Sa fixation remonte à l'époque où la lyre fut inventée, époque qui se perd dans la nuit des temps, et cet instrument, si simple dans sa structure primitive, peut être considéré comme la clef du système mélodique des Grecs. Ses transformations successives ont suivi, pas à pas, celles que le système a éprouvées en se perfectionnant, et leur étude comparative répand une vive lumière, non-seulement sur l'histoire, mais sur l'économie pratique de l'art musical dans l'antiquité. Le résumé que je vais en faire me semble devoir appeler votre attention la plus sérieuse.

Il est dans la nature de l'esprit humain de procéder du

simple au composé, et la première lyre qui vit le jour dut n'être montée que d'une seule corde. Censorinus raconte que le *monocorde* (à une seule corde) a été inventé par Apollon qui, pour être agréable à sa sœur, Diane la Chasseresse, lui donna la forme d'un arc. C'est sous cette forme que des bas-reliefs antiques le représentent. Le monocorde, ne rendant qu'un son unique, n'avait d'autre utilité que de soutenir le chanteur, de l'empêcher de se trop écarter d'un centre tonal et de le ramener, à la fin, à son point de départ. Mais un seul son ne pouvait se marier avec tous les sons d'une mélodie, et l'on s'empressa de joindre une seconde corde à la corde principale. De là vint le *dicorde* (à deux cordes) qui fut en usage au siècle d'Olympe l'Ancien. L'intervalle de quarte étant celui dont la consonnance est la plus essentielle dans une série mélodique, les deux sons qui le composent devaient être choisis de préférence, pour un instrument dont l'objet alors exclusif était d'accompagner la voix, comme le furent aussi les deux autres lyres dont je vais vous parler.

En supposant que la corde principale d'un *dicorde* fût un *mi*, nous admettrons que la nouvelle corde qu'on lui accola fut le *la* supérieur.

Un seul intervalle de quarte ayant une étendue trop restreinte pour permettre de développer et de varier une mélodie prolongée, il fallut bientôt lui en adjoindre un autre, et, comme la consonnance de quarte pouvait s'établir aussi bien au grave qu'à l'aigu, une troisième corde, donnant le *si* au-dessous du *mi*, fut ajoutée, dit-on, par Mercure, qui donna son nom à la lyre à trois cordes. Or toute personne tant soit peu initiée à l'harmonie sait qu'à l'aide des sons *la*, *mi*, *si*, ou de tous autres à des intervalles équivalents, on peut accompagner un chant simple et primitif.

Quant aux vides qui existaient entre les cordes stables de la lyre, c'était aux chanteurs qu'il appartenait de les remplir, suivant leur goût ou leur inspiration, avec d'autres sons transitoires. Il leur était facile de reconnaître que deux sons suffisaient et que chacun d'eux pouvait varier d'un demi-ton. Voilà comment ces sons intermédiaires ont été réputés variables, pendant que les sons de la lyre étaient nécessairement immobiles. Ainsi furent constitués :

1° Par la lyre d'Olympe à deux cordes, le *tétracorde* (série de quatre sons) formé de deux sons stables au grave et à l'aigu, que pouvaient exprimer la voix et la lyre, et de deux sons intermédiaires et mobiles, qui seuls étaient reproduits par la voix;

2° Par la lyre de Mercure à trois cordes, l'*heptacorde* (série de sept sons) composé de deux tétracordes, joints par une note commune, dont les deux sons extrêmes et celui du milieu furent seuls admis comme fixes ou invariables.

Plus tard les sept notes de l'heptacorde furent dépassées, l'antiphonie ou la consonnance de l'octave avait été comprise, et cette même intuition, qui avait déjà guidé si sûrement l'intelligence musicale, fit appliquer l'octave au son principal *mi*. La lyre fut alors montée de quatre cordes dont les sons, de l'aigu au grave, s'accordant aux intervalles de quarte, d'octave et de quinte, répondaient aux notes *la, mi, si, mi* : c'était la lyre d'Orphée et d'Amphion. De cette nouvelle combinaison résulta l'*hendécacorde* (série de onze sons), composé de quatre sons fixes et de sept sons variables.

Si nous portions maintenant le *la* à son octave inférieure, nous aurions la série des sons *mi, si, la, mi*, qui, transposés dans le ton d'*ut*, se traduiraient par *ut*, *sol*, *fa*, *ut*, les quatre sons élémentaires sur lesquels est fondée la théorie de notre tonalité. Ce rapprochement n'offre-t-il pas quelque intérêt?

La lyre ne resta pas longtemps un simple instrument d'*accompagnement*; on voulut l'employer à exprimer des mélodies, et des cordes destinées à rendre les sons variables furent intercalées entre les cordes stables. La première lyre montée de cette façon, que j'appellerai *mélodique* pour la distinguer des précédentes, fut le dicorde qui, par là, se transforma en tétracorde. D'autres furent garnies graduellement d'un plus grand nombre de cordes, et prirent des dénominations différentes, telles que *Cithare*, *Hélicon*, *Barbiton*, *Magadis*, *Épigone*, *etc.* Quelques-unes devinrent l'origine de *systèmes* particuliers : on appelait système toute série de sons déterminée comme échelle musicale.

Mais les lyres qui eurent une influence plus directe sur les principes constitutifs de la musique, au temps de Périclès, furent, après le dicorde converti en tétracorde, celles de Terpandre à sept cordes et de Timothée à onze cordes. Vous n'avez pas oublié que ces deux lyres avaient été proscrites par les magistrats. On les avait même suspendues aux murs des temples, pour rappeler au peuple les infractions légales dont s'étaient rendus coupables les deux grands musiciens. Le crime qu'ils avaient commis ne méritait pas cependant une peine aussi sévère, car ils n'avaient fait que reproduire, par des cordes nouvelles, les sons mobiles dont l'émission était réservée à la voix, quand elle était accompagnée par les lyres de Mercure et d'Orphée dont ils avaient conservé les cordes immuables. C'est ce que vous démontrent les exemples ci-après :

Nota. J'ai écrit ces exemples, et j'écrirai tous ceux qui suivront, de l'aigu au grave, parce que la voie descendante fait mieux juger de l'effet musical des diagrammes grecs. J'indique par des *rondes* les cordes qui étaient invariables, et, par des *noires*, celles qu'on pouvait varier par plus ou moins de tension.

Je ferai remarquer, toutefois, que le système de Timothée reposait sur une série de trois tétracordes conjoints; c'est pourquoi j'ai noté par une ronde le *fa* ♯, à l'intervalle de quarte du *si* supérieur, puisqu'il n'en modifiait jamais l'intonation. Il ne considérait le *mi* grave, marqué P, que comme une note adjointe, pour obtenir l'octave du *mi* aigu qui était la note principale de l'hendécacorde, de même que de l'heptacorde.

Les trois diagrammes ci-dessus furent les éléments de la théorie musicale des Grecs, de celle, du moins, qui avait pour base la conjonction des tétracordes, car il y eut d'autres systèmes qui furent pratiqués, soit en même temps, soit à des époques intermédiaires. Je veux parler du *pentacorde*, de l'*hexacorde*, etc. et surtout de l'*octacorde*, qui devait un jour régner sans partage.

ÉTUDE II.

Le pentacorde (série de cinq sons) résultait d'une note ajoutée au tétracorde, soit au grave, soit à l'aigu, à l'intervalle d'un ton : ses notes extrêmes sonnaient la quinte.

L'hexacorde (série de six sons) se constituait par l'addition d'une note au pentacorde, et son étendue était d'une sixte majeure.

Quant à l'octacorde (série de huit sons), qui est le diagramme le plus complet, puisqu'il renferme dans ses limites tous les intervalles consonnants et dissonants, l'invention doit en être attribuée à Terpandre et à Pythagore.

Terpandre, dont la lyre n'avait que sept cordes, imagina, pour obtenir la consonnance d'octave, de monter d'un ton les deux cordes aiguës, de sorte que son heptacorde eût, entre la deuxième et la troisième corde (je compte toujours à partir de l'aigu), un intervalle de *trihémiton* (trois demi-tons ou seconde augmentée). Pythagore, pour combler la lacune qui résultait de cet intervalle, y introduisit un huitième son, et l'octacorde fut définitivement composé.

La valeur des notes de la gamme de Pythagore étant encore aujourd'hui un sujet de discussion, je m'abstiendrai d'en faire un exemple démonstratif. Quel intérêt aurions-nous, au reste, à connaître exactement la disposition de ses intervalles *diatoniques* (de ton) et *chromatiques* (de demi-ton), puisque ce grand philosophe ne s'en est servi que pour se livrer à des calculs mathématiques qu'il prétendait imposer à la musique? Je me bornerai à vous dire que, selon toute apparence, la division fondamentale de son octacorde consistait en deux tétracordes homogènes, placés à un intervalle de ton l'un de l'autre, comme dans la formation de notre gamme majeure. Ainsi séparés, les deux tétracordes du diagramme étaient appelés *disjoints*, par opposition à ceux de l'heptacorde ou de l'hendécacorde, qu'on nommait *conjoints*.

On ne tarda pas à modifier le système octacordal de Pythagore, en posant en principe que tout octacorde se constituait au moyen d'un tétracorde et d'un pentacorde conjoints, combinaison qui donna lieu à sept espèces d'octacordes, différant entre eux suivant la position qu'occupait le demi-ton dans le tétracorde et dans le pentacorde. Ces octacordes sont ce que, du temps même d'Aristoxène, au IVe siècle avant l'ère vulgaire, on appelait déjà les *octaves* ou *tropes* des anciens.

Des musiciens dont l'oreille était plus délicate, et qui voulaient conserver à la fois la conjonction de deux tétracordes de même espèce et la consonnance d'octave, eurent l'idée d'accoler à l'heptacorde une note au grave, à l'intervalle d'un ton. Simonide fut le premier qui adopta ce diagramme. La note ajoutée reçut le nom de *proslambanomenos*, qui signifie « additionnelle, accessoire, surnuméraire. » Quelques-uns la posaient à l'aigu, mais cette disposition ne fut employée que rarement ou par exception. Voici la reproduction de ces deux octacordes, dont le second, qui tomba en désuétude, restera en dehors des explications qui vont suivre.

N° 2. OCTACORDES.

L'adjonction de la *proslambanomène* eut pour effet de fixer avec une précision parfaite :

1° L'intervalle de *quinte* qu'elle formait avec la note commune aux deux tétracordes conjoints ;

2° L'intervalle de *ton* qui la séparait de la note invariable au grave de l'heptacorde.

Elle détermina subsidiairement, dans les systèmes basés sur la conjonction des tétracordes, la division fondamentale de l'intervalle de quinte en un intervalle de *quarte* et un intervalle de *ton*, au lieu de deux tierces, l'une majeure, l'autre mineure, comme l'aurait indiqué la connaissance des rapports harmoniques. Le ton était donc l'excès de la quinte sur la quarte ; et telle était la définition que les théoriciens donnaient de cet intervalle.

Examinons comment on est arrivé à établir les différentes variétés mélodiques des tétracordes.

Un son étant susceptible d'être suivi ou précédé d'un ton, deux intervalles de ton furent introduits dans l'intervalle de quarte, et il n'est plus resté, pour en remplir l'étendue, qu'un plus petit intervalle, équivalant juste à la moitié d'un ton. Ainsi la division mélodique du tétracorde s'est opérée dans les proportions de deux tons et d'un demi-ton ; mais, le demi-ton pouvant se placer, soit en haut, soit en bas, soit au milieu, on admit trois combinaisons, dont l'ensemble constitue celui des genres de la musique grecque qu'on appelle *diatonique* (par tons). Les deux autres genres étaient le *chromatique* et l'*enharmonique*, dont je vous entretiendrai en dernier lieu.

Les Grecs n'ont pas cru devoir caractériser par un nom distinct les trois espèces de leur genre diatonique, et cette absence de qualification devient une gêne dans la dissertation. Pour y remédier, comme chacune des espèces de tétracordes est spécialement affectée à la formation des tropes ou modes fondamentaux appelés *lydien*, *phrygien* et *dorien*, je leur appliquerai les mêmes dénominations. Mais, et je vous en préviens d'avance, je vais me mettre en contradiction avec la plupart des commentateurs, car je nommerai *lydien* le trope ou tétracorde qu'ils désignent sous le nom de *dorien* et *vice versâ*. J'accepterai la responsabilité de cette transposition, et, s'il vous plaît d'en lire la justification, malgré sa longueur et son aridité, je m'empresserai de vous l'adresser.

N° 3. GENRE DIATONIQUE.

Dans le tétracorde dorien, le demi-ton est placé à l'aigu; dans le lydien il est au grave, et, dans le phrygien, au milieu des deux tons. En analysant ces trois tétracordes et en essayant leur succession avec votre voix ou sur votre clavier, vous apprécierez les différences mélodiques qui les particularisent et qui influent, non-seulement sur leur expression musicale, mais sur les cadences finales auxquelles chacun d'eux peut se prêter.

Des écrivains modernes ont prétendu que les Grecs terminaient indifféremment leurs chants sur telle ou telle note invariable ou mobile, mais je n'ai rien vu dans les anciens auteurs qui vînt à l'appui de cette assertion. A l'époque surtout où nous sommes parvenus, les notes extrêmes des tétracordes devaient seules être notes de repos; car, lorsque les lyres d'accompagnement n'étaient montées que de deux ou trois cordes stables à l'intervalle de quarte, le chanteur était forcé de conclure sur un des sons formant unisson avec l'une d'elles, et, de plus, pour la lyre d'Orphée, sur la quatrième corde au grave, qui était une véritable *proslambanomène*, ainsi que le montre l'exemple du diagramme de Timothée (n° 1, p. 20). Cette coutume a dû être longtemps maintenue, et, si jamais une note mobile a été prise pour finale, ce n'a dû être que dans des siècles postérieurs.

Notre tonalité, fondée sur l'harmonie des sons, a rendu notre oreille plus exigeante, et nous a habitués à des cadences dont les conditions complexes ne peuvent se rencontrer dans une simple mélodie. Pour juger sainement de la musique ancienne, nous devons donc faire abstraction des impressions auxquelles la musique moderne nous a accoutumés et nous reporter plutôt au plain-chant, qui doit son origine aux traditions païennes. C'est dans ce plain-chant et dans ses modes qu'il faut chercher quelque similitude avec les mélodies des Grecs, et nous y trouverons la preuve qu'ils se contentaient de cadences dont l'effet était bien moins conclusif que celles dont nous ne pouvons plus nous passer aujourd'hui.

Qui nous dit, d'ailleurs, que la cadence directe et respective des deux notes invariables du tétracorde n'était pas pratiquée? On aurait, par là, reproduit mélodiquement nos deux cadences fondamentales harmoniques, car nous n'avons, pour les obtenir, qu'à accompagner les notes extrêmes des tétracordes, dans leurs mouvements réciproques, de leurs harmoniques consonnants, la quinte et la tierce majeure.

N° 4. CADENCES PARFAITES.   CADENCES PLAGALES.

Il y a dans la musique deux courants, l'un de l'aigu au grave, l'autre du grave à l'aigu. Dans le premier, les sons se rapprochent de leur source génératrice; dans le second, ils s'en éloignent. Celui-ci, étant conforme à la production des harmoniques, a pour réaction la résolution, sur l'accord tonal, de l'accord de dominante : c'est notre cadence parfaite. Celui-là, ayant une direction contraire, a pour réaction la résolution, sur l'accord tonal, de l'accord de sous-dominante : c'est notre cadence plagale. Le système mélodique des Grecs ne leur ayant pas permis de connaître la sensibilité ascendante de la note du septième degré de notre gamme moderne, c'est avec cette dernière cadence que celles dont ils faisaient usage devaient avoir le plus d'analogie. La marche descendante des sons, qui exige moins de réaction, est plus agréable à l'oreille et plus facile pour la voix; elle produit le calme et le repos : leur marche ascendante, au contraire, à laquelle la réaction est souvent nécessaire, porte à l'excitation et dès lors au mouvement.

Pendant plusieurs siècles, les tétracordes constitués d'après le genre diatonique furent exclusivement employés: on, si quelques essais ont été tentés pour en dénaturer les formes, la sévérité des magistrats en avait fait prompte justice. Mais nos sensations, comme nos idées, se fatiguent à force de se mouvoir dans le même cercle: elles finissent par s'émousser; l'uniformité les endort, et il leur faut de nouveaux stimulants pour se réveiller. La variété est d'ailleurs un besoin de notre nature. D'un autre côté, la gravité du genre diatonique, surtout dans les tétracordes phrygien et dorien, convenait plus particulièrement à l'expression des pensées religieuses, nobles et morales, et les passions humaines, les émotions tendres ou douloureuses, ne pouvaient se résigner à rester déshéritées du droit de se traduire dans la langue musicale d'une manière aussi accentuée. L'imagination se mit donc en travail pour répondre à ces nouvelles aspirations.

Le genre diatonique, d'où dérivaient les tétracordes lydien, phrygien et dorien, avait fixé la valeur des quatre sons variables qui pouvaient être introduits dans l'intervalle de quarte, soit, par exemple, entre le *la* et le *mi*, les notes *la*—*sol♯*, *sol*, *sol*—*fa♯* et *fa*, distantes l'une de l'autre d'un demi-ton. Deux de ces sons suffisant pour établir une liaison mélodique entre les sons stables du tétracorde, trois combinaisons avaient été possibles, en conservant l'égalité des deux intervalles qui déterminaient le genre. Pour en former une autre, d'après la même règle, il fallait renoncer à l'emploi de l'intervalle de ton, car la suppression d'un des tons entraînait celle de l'autre. C'était là une modification fondamentale, d'où devaient jaillir des effets inconnus jusqu'alors.

Timothée fut, dit-on, le premier qui se décida à substituer le *sol♯* au *sol* naturel du tétracorde lydien, de telle façon que son nouveau tétracorde fût composé, par voie descendante, d'un trihémiton suivi de deux demi-tons égaux : *la, sol♯, fa, mi*.

Isolé, il faut le reconnaître, ce tétracorde est rebelle à toute mélodie, et c'est à son occasion que Momigny, je crois, s'est écrié : « Non ce n'est pas là de la musique! » Ainsi que je vous le prouverai, joint à un autre, le tétracorde de Timothée est loin de mériter un dédain aussi prononcé.

Le nouveau genre de Timothée fut appelé *chromatique*, d'un mot grec qui signifie *coloré*, *nuancé*, parce que, disent les uns, les signes de sa notation étaient d'une autre couleur que ceux du diatonique, ou, suivant d'autres, parce que l'effet mélodique en était plus coloré, plus varié. Ces deux explications m'en suggèrent une autre qui me semble préférable.

Les Grecs comparaient sans cesse les sons aux couleurs, et ils avaient des termes qu'ils leur appliquaient indifféremment. Ainsi le mot *tonos* (ton) signifiait l'espace transitoire, l'intervalle aisément perceptible d'un son ou d'une couleur à un autre son ou à une autre couleur parfaitement distincts. De là, le genre *diatonique* (par tons). Mais lorsque, dans cet intervalle transitoire, dans ce ton, ils intercalèrent un nouveau son ou une nouvelle couleur intermédiaire, l'espace séparatif, le ton fut détruit, et, comme c'était par le fait d'une nouvelle couleur ou d'un nouveau son qu'ils mariaient ensemble les deux autres, ils nommèrent *chromatique* (par demi-tons) le genre qui provenait de cette combinaison.

Timothée avait certainement étudié les diverses divisions tétracordales qui s'obtenaient par l'emploi des deux demitons et du trihémiton, en changeant tour à tour les positions respectives de ces intervalles, conformément à celles des deux tons et du demi-ton dans les trois espèces du genre diatonique. Comme il en résultait autant de variétés, je me permettrai de dire que les trois tétracordes diatoniques lydien, phrygien, dorien, étaient susceptibles d'être *chromatisés*. Mais Timothée n'aura fait usage que de la combinaison lydienne, telle que je vous l'ai indiquée ci-dessus, probablement parce qu'elle lui offrait plus de ressources mélodiques, et c'est la seule dont l'histoire lui fasse honneur. Il me semble néanmoins difficile que les trois divisions chromatiques n'aient pas été introduites dans la pratique, et je n'hésite pas à vous en présenter les formules.

N° 5. GENRE CHROMATIQUE.

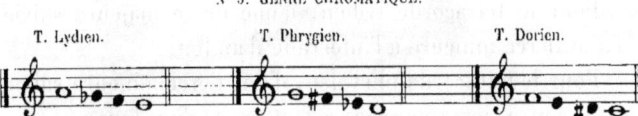

Le genre chromatique, privé de la majesté de l'intervalle diatonique, fut l'organe naturel des sensations les plus douces, les plus voluptueuses et les plus mélancoliques. La proscription dont il fut longtemps l'objet se justifie pleinement à l'époque où la morale publique, l'esprit guerrier et l'énergie civile, indispensables à une nation aussi puissante, devaient préoccuper au plus haut degré ceux qui présidaient à ses destinées. Mais il offrait tant de ressources attrayantes, des charmes si irrésistibles, qu'il finit par vaincre toutes les résistances, et, devenant une nécessité pour cette race si profondément sensuelle, il régna bientôt à l'égal du genre diatonique, avec lequel même on l'entremêlait souvent.

Si, aujourd'hui que les lois harmoniques nous sont familières, nous avions à déterminer les divisions régulières du tétracorde, nous prendrions pour guides les agrégations consonnantes des sons, et, en opérant par intervalles de tierces majeure et mineure, nous trouverions les trois combinaisons diatoniques qui se sont révélées aux Grecs par le principe mélodique.

N° 6. DIVISION HARMONIQUE DES TÉTRACORDES DIATONIQUES.

Alors nous dirions que les divisions harmoniques des tétracordes diatoniques procèdent, savoir :

Pour le tétracorde lydien, d'une tierce majeure suivie d'une tierce mineure à l'intervalle d'un ton ;

Pour le tétracorde phrygien, d'une tierce mineure suivie d'une autre tierce mineure à l'intervalle d'un ton ;

Pour le tétracorde dorien, d'une tierce mineure suivie d'une tierce majeure à l'intervalle d'un demi-ton.

Quant aux combinaisons chromatiques, la seule que puisse comporter notre système harmonique est la phrygienne, parce qu'elle se forme de deux tierces majeures à l'intervalle d'un demi-ton.

N° 7. DIVISION HARMONIQUE DU TÉTRACORDE CHROMATIQUE PHRYGIEN.

Or c'est à l'aide de cette dernière combinaison et des trois autres diatoniques, les seules qui soient praticables au moyen de deux tierces ou majeures ou mineures, que se constituent les deux tétracordes disjoints de notre gamme majeure et ceux de notre gamme mineure avec sensible ou sous-diatonique.

NOTA. J'appelle *sous-tonique diatonique*, et, par ellipse, *sous-diatonique*, la note du septième degré en mode mineur, quand elle remplace la sensible, à l'intervalle d'un ton de la tonique supérieure.

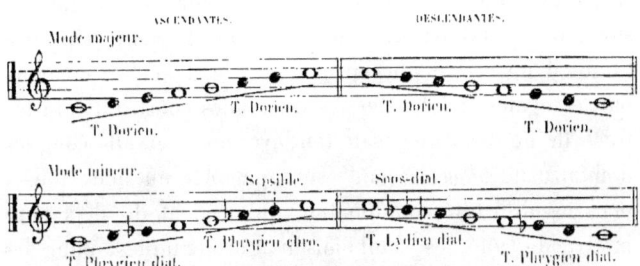

N° 8. GAMMES MODERNES.

Nous n'avons pas aujourd'hui d'autres diagrammes, mais ne serait-il pas possible d'en établir de nouveaux avec les mêmes éléments disposés dans un ordre différent? C'est ce que nous examinerons à la fin de ces études.

Une fois lancé dans la voie des combinaisons irrégulières, et n'étant retenu par aucun obstacle théorique pour les sons variables, on crut pouvoir obtenir des mélodies plus langoureuses, plus plaintives et plus pathétiques encore, en employant un intervalle moindre que le demi-ton. Peut-être aussi fut-on excité par un sentiment de jalousie contre Timothée, dont les mélodies chromatiques avaient été couronnées de si brillants succès, et voulut-on aller plus loin que lui. L'envie est souvent un mobile énergique pour favoriser l'essor de l'imagination.

Le principe qui avait présidé à la formation des divisions tétracordales consistait, en premier lieu, dans l'égalité de deux des trois intervalles intermédiaires et dans la variabilité du troisième intervalle complémentaire, dont l'étendue s'accroissait aux dépens des deux autres; en second lieu, dans la position qu'on attribuait à cet intervalle complémentaire, soit à l'aigu, soit au grave, soit au milieu. Suivant le même ordre d'idées, après avoir opéré sur deux intervalles de ton, pour le genre diatonique, et sur deux intervalles de demi-ton, pour le genre chromatique, il ne restait plus qu'à diviser le demi-ton en deux parties égales et à former les intervalles constitutifs du tétracorde de deux quarts de ton, avec un intervalle complémentaire de *diton* (seconde suraugmentée ou deux tons); mais les difficultés d'intonation qui avaient dû déjà faire mettre de côté les combinaisons chromatiques, pour les tétracordes dorien et phrygien, se reproduisaient, plus fortement encore, dans l'application des quarts de ton aux mêmes tétracordes, et on finit par ne se servir de ces petits intervalles que dans le genre lydien.

Ce nouveau tétracorde ou genre fut appelé *enharmonique*, mot qui signifie *dans l'harmonie*, et effectivement le son qui divise le demi-ton en deux quarts de ton se produit dans le cercle même de la résonnance de chacun des deux autres qui lui sont conjoints.

Quelques commentateurs prétendent qu'Olympe l'Ancien est l'auteur de ce genre, ce qui ne saurait avoir le moindre fondement; et je pense, avec le plus grand nombre, qu'il faut en rapporter la découverte à un autre Olympe, qui vécut du temps de Timothée ou après lui.

J'écrirai le tétracorde enharmonique comme suit :

N° 9. GENRE ENHARMONIQUE.
TÉTRACORDE UNIQUE.

Nota. Le trait perpendiculaire indique le demi-bémol ou quart de ton.

Il résulterait néanmoins d'un passage de Plutarque que les trois variétés du genre diatonique pouvaient être *enharmonisées*; mais ce passage est fort obscur, et le grand moraliste semble si peu sûr de ce qu'il avance à cette occasion qu'il termine en disant : « En un mot, il paraît qu'Olympe fit des « augmentations dans la musique, en y introduisant quelque « chose de nouveau et d'inconnu à ceux qui l'avaient pré- « cédé, en sorte qu'on doit le regarder comme le maître de « la belle musique chez les Grecs. » (Trad. de Burette.)

De toutes les parties de la musique ancienne, on ne saurait le nier, celle qui est la plus confuse a trait au genre enharmonique. La tradition en a été oubliée, dit-on, avec une rapidité qui étonne, quand on songe aux prodigieux effets des chants que l'on composait sur son diagramme.

Damascius, cité par Photius, raconte que le savant Asclépiodote, quoique très-bon musicien, ne fut pourtant pas capable de rétablir le genre enharmonique, alors perdu : « Il eut beau, ajoute-t-il, subdiviser et rapetisser les inter- « valles du chromatique et du diatonique, il ne put parvenir « à retrouver ce genre tant regretté, quoiqu'il eût déplacé « et changé environ deux cent vingt chevalets. »

Cette histoire de deux cent vingt chevalets déplacés, les uns après les autres, pour recomposer une division tétracordale, sans pouvoir la trouver, me fait sourire. Nous avons un tel respect pour les Grecs et les Romains que nous acceptons tout ce qu'ils ont écrit avec la bonne foi la plus naïve. Il nous faut du moins des preuves irrécusables pour révoquer en doute leurs récits, quelque singuliers ou fantastiques qu'ils soient. Selon moi, qui suis un peu sceptique, le fait cité par Damascius n'est qu'une mauvaise plaisanterie. En l'admettant, toutefois, on devrait en induire que les intervalles du genre enharmonique n'ont jamais été bien définis. Cela serait possible, car si des altérations, successivement introduites dans les intervalles des tétracordes diatonique et chromatique, ont donné lieu à de nouvelles variétés pour l'un et pour l'autre, comme je vous l'exposerai par la suite, il est à présumer qu'on aura cherché à en faire autant pour le tétracorde enharmonique. Mais il serait superflu de deviser sur un sujet environné de tant d'obscurité, quand nous avons le témoignage de nombreux écrivains qui ne reconnaissent d'autre genre enharmonique que celui de l'exemple ci-dessus, n° 9.

L'auteur des Considérations sur les diverses systèmes de la musique ancienne et moderne a cependant voulu prouver qu'il n'avait jamais existé de quarts de ton dans la musique grecque. Je ne me sens pas la force de combattre ses arguments, tant ils sont peu solides et mal raisonnés. Ce ne serait pas seulement un travail inutile, mais un ennui et pour vous et pour moi. Je ne vous en parle que pour vous faire remarquer jusqu'où peut s'exercer l'esprit de contradiction dans tout ce qui touche à l'art musical au temps des Grecs.

Nous verrons plus tard que, le principe originaire de la division des tétracordes ne pouvant plus recevoir une application générale, on se décida à l'abandonner et à en adopter un autre, d'après lequel l'intervalle d'un ton, à l'aigu du tétracorde lydien diatonique, était graduellement augmenté jusqu'à l'intervalle de diton, qui n'est employé que dans la formation du tétracorde enharmonique. Ce nouveau principe fit négliger les genres dorien et phrygien, tant diatoniques que chromatiques, à tel point que, peu d'années après la mort de Périclès, il n'en était plus question qu'à titre de genres surannés. Cette époque fut celle où surgirent les différentes théories qui battirent en brèche les véritables éléments de la musique ancienne, et où commencèrent à paraître les seuls ouvrages dogmatiques que nous puissions aujourd'hui consulter.

ÉTUDE III.

ÉTUDE III.

Des trois systèmes désignés sous les noms de conjoint, disjoint et immuable ; des tropes fondamentaux et de leurs plagaux.

Un savant musicien, M. Fétis, dont la vaste érudition est bien connue de ceux qui s'intéressent aux origines de la musique, a dit :

« Aucun des traités de musique écrits par des artistes
« grecs n'est parvenu jusqu'à nous. Nous ne possédons rien,
« ou du moins presque rien, relatif à la pratique de cet
« art. Les ouvrages que nous avons sont théoriques ou plutôt
« dogmatiques; ils sont dus à des philosophes, des gram-
« mairiens et des mathématiciens, pas un seul à un mu-
« sicien de profession : ce qui est un obstacle considérable
« à ce que nous acquérions une connaissance positive de la
« musique grecque. »

J'ajouterai que la plupart de ces traités, d'ailleurs en très-petit nombre, sont incomplets. Pour en combler les lacunes, on a pris à ceux-ci ce qui manquait à ceux-là, sans tenir compte des époques auxquelles ils se rapportaient. Les commentateurs ont donc puisé à la fois leurs autorités dans des auteurs qui ont vécu à quatre, six, huit siècles d'intervalle, et, pendant ce long espace de temps, l'art musical ne pouvait demeurer immobile. Jugez-en par ce qui s'est passé chez nous depuis Guy d'Arezzo et même Monteverde. Les renseignements qu'on trouve dans les ouvrages d'Aristote, de Platon et d'Aristoxène étant insuffisants, ainsi que les Tables d'Alypius, dont je crois devoir placer le système au IV⁰ siècle avant J. C. malgré l'opinion de quelques biographes, on est obligé d'avoir recours à ceux de Plutarque, d'Aristide Quintilien, d'Athénée, de Ptolémée, de Nicomaque, de Bacchius le Vieux, de Gaudentius, et à d'autres écrits anonymes ou apocryphes, qui, tous, n'ont vu le jour que depuis le commencement de l'ère nouvelle. Or c'est au siècle de Périclès que la musique grecque a dû atteindre son plus haut degré de perfection relative, alors que les sciences, les lettres et les arts fleurissaient dans tout leur éclat. Depuis, de grands événements se sont accomplis, les guerres et les conquêtes d'Alexandre, l'envahissement de la Grèce par les Romains et enfin l'apparition du Christ, qui renversa les autels du paganisme; au milieu de si grandes commotions politiques, sociales et religieuses, l'art ne pouvait conserver sa forme constitutive dans toute sa pureté. D'autre part, l'application des calculs mathématiques à la théorie musicale devait aussi exercer une influence sensible sur les modifications qu'elle était destinée à subir. J'ai dit qu'on devait cette malheureuse tentative à Pythagore, dont les principes furent développés et propagés par les nombreux disciples de son école. Ces principes, Aristoxène les combattit avec autant d'acharnement que de raison, en soutenant, suivant la doctrine de son maître Aristote, que l'homme ne peut avoir, *à priori*, la conscience mathématique des rapports des intervalles, et qu'à l'oreille seule, dirigée par l'intelligence, il appartient de les apprécier.

En présence de tant de complications, ce serait une tâche oiseuse que d'essayer de coordonner les divers éléments didactiques qu'il nous est possible de réunir. Comme je l'ai annoncé, nous glanerons dans les ouvrages des savants et des philosophes dont je viens de citer les noms, et même dans les commentaires dont ils ont été l'objet; mais nous aurons soin de séparer le bon grain de l'ivraie, et nous chercherons à le féconder par des déductions logiques et consciencieuses. Il faudrait désespérer de rien comprendre à la musique grecque, si on se laissait arrêter par les assertions des uns ou par les suppositions des autres. Ce qu'il y a de mieux à faire, c'est de ne pas trop s'en préoccuper et de passer outre quand on y est autorisé par le raisonnement.

Je vous ai fait voir comment le diagramme musical, qui ne comportait d'abord qu'un seul tétracorde, avait été progressivement étendu jusqu'à former un hendécacorde.

Le système hendécacordal, composé de trois tétracordes conjoints et d'une proslambanomène, avait reçu la qualification de *petit système parfait* ou *système conjoint*. Il est inutile que je vous le représente ici, puisqu'il est conforme au diagramme de Timothée, auquel je vous renvoie (n° 1, p. 20).

Le principal des autres systèmes, désigné sous les noms de *grand système parfait* ou *système disjoint*, par opposition au précédent, fut inventé après que la consonnance d'octave eut été révélée par les concerts de voix d'hommes et de femmes. Ce système était spécialement consacré aux chants religieux; son diagramme invariable comprenait quinze sons, savoir : les notes *la*, *sol*, *fa*, *mi*, *ré*, *ut*, *si*, leur antiphonie au grave, et une proslambanomène. Sur les notes supérieures les sept octaves, dites *des anciens*, se posaient successivement, en descendant d'un degré, et la proslambanomène était la note grave d'une huitième octave qui reproduisait exactement l'octave aiguë. Comme la constitution de ces octaves, qui procédait d'un tétracorde et d'un pentacorde conjoints, est contraire au principe dont je poursuis les développements et auquel l'art musical dut ses plus grands progrès, dans la voie qu'il était appelé à parcourir jusqu'au siècle de Périclès, je n'en dirai rien de plus ici.

Les partisans de ce principe, celui de la conjonction des tétracordes, s'emparèrent néanmoins du *système disjoint* et lui appliquèrent leurs divisions tétracordales, telles que les représente l'exemple démonstratif suivant.

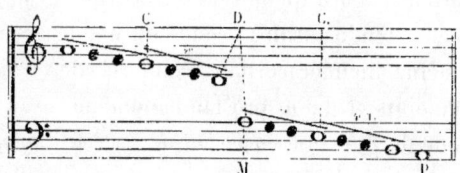

N° 10. GRAND SYSTÈME PARFAIT OU SYSTÈME DISJOINT.

Dans la théorie de ces musiciens, le *système disjoint* se composait de deux heptacordes séparés par un ton qu'on appelait *disjonctif*, et suivis, au grave, de la proslambanomène. Ils donnaient à la note aiguë de l'heptacorde inférieur le nom de *mèse* (milieu, moitié), qui appartenait auparavant à la note commune de l'heptacorde. Placée au centre du diagramme, la mèse jouait, à l'égard de l'heptacorde supérieur, le même rôle que la proslambanomène à l'égard de l'heptacorde grave. En réalité, le système résultait de la conjonction de deux octacordes de même espèce, dont la mèse était la note commune. Mais il renfermait un triton, *si, la, sol, fa*, cette série de sons antipathique à tout chant mélodique, et c'était une gêne. D'un côté, on avait posé comme règle que la proslambanomène et la mèse devaient être précédées d'un intervalle de ton, règle que ne reconnaissaient pas ceux qui avaient admis la division de l'octacorde en une espèce de tétracorde et une espèce de pentacorde. D'un autre côté, on ne voulait rien changer à l'antiphonie, au grave, des sept degrés aigus du diagramme. De nouvelles combinaisons devenaient donc indispensables. Enfin, après bien des tâtonnements, je le suppose du moins, on s'arrêta, pour constituer un système uniforme et définitif, à l'adjonction facultative d'un tétracorde, toujours du même genre, qui s'enchevêtrait, quand il y avait lieu, sur le ton disjonctif *si*, *la*, de manière à lier mélodiquement les deux heptacordes. La destination de ce tétracorde le fit appeler *conjonctif*.

Le système ainsi composé fut qualifié d'*immuable* : c'était une fusion des deux systèmes conjoint et disjoint.

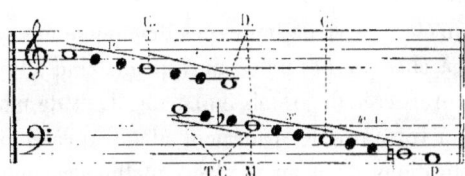

N° 11. SYSTÈME IMMUABLE.

Le nombre des notes du système fut par là porté à seize, savoir : les quatorze notes des quatre tétracordes principaux que je nommerai *constitutifs*, pour les mieux distinguer, la proslambanomène et enfin le *si♭*, la note véritablement *conjonctive*, seul contingent nouveau qu'apportait le tétracorde supplémentaire, puisque, dans sa formation, il empruntait le *ré*, l'*ut* et le *la*, mèse du diagramme. Dans la musique grecque, toutefois, chaque son avait un nom et un signe particuliers, de sorte que le *ré* et l'*ut*, que j'ai superposés dans l'exemple ci-dessus, étaient désignés d'une manière diffé-

rente, selon qu'ils faisaient partie du deuxième tétracorde
constitutif ou du tétracorde conjonctif. En se conformant
à l'usage antique, il faudrait noter le système immuable
comme il suit :

N° 12. SYSTÈME IMMUABLE,
NOTÉ SELON ALYPIUS ET AUTRES.

C'est ainsi que, pour vous rendre compte de son effet
mélodique, vous devrez exécuter le système sur votre clavier.
Vous en ferez de même pour tous les tropes que je vais vous
faire connaître et que je continuerai à écrire dans la forme
de l'exemple n° 11.

Si je m'étais servi de toutes les dénominations grecques
affectées à chacune des notes ainsi qu'aux cinq tétracordes,
je vous aurais créé de grands embarras. Tant de mots mal-
sonnants à votre oreille n'auraient abouti qu'à embrouiller
mes explications ou à en rendre l'intelligence difficile. Je
vous ai donné un spécimen de ces dénominations en vous
indiquant la *proslambanomène* et la *mèse*, et je m'en tiendrai
là, si je puis.

L'isolement auquel la proslambanomène a été condamnée
dans tous les diagrammes où elle se trouvait prouve le
soin rigoureux qu'on apportait à maintenir le genre sur lequel reposait leur constitution fondamentale. Les tétracordes, en quelque nombre qu'ils fussent, devaient être de
même nature. Rien n'aurait empêché de disjoindre les deux
derniers, pour comprendre la note additionnelle dans le

plus grave, mais on aurait confondu le genre phrygien avec le genre lydien, et c'eût été contraire au principe théorique.

N 13. EXEMPLE DÉMONSTRATIF.

La proslambanomène ne pouvait être que la note aiguë d'un nouvel heptacorde lydien, et comme dans l'économie de leur diagramme les Grecs n'avaient en vue que l'étendue de la voix humaine qui, en général, ne descend pas plus bas que le *la* grave, ils ont persisté à considérer cette note comme purement accessoire, sans lui attribuer d'autre caractère constitutif que celui d'antiphonie à la mèse.

Lorsqu'ils arrivaient au point de disjonction des deux heptacordes, les musiciens étaient libres de se servir, suivant les exigences du mouvement mélodique, soit du deuxième tétracorde constitutif, soit du tétracorde conjonctif. Le ton de *la* mineur, avec sous-diatonique, étant celui du système disjoint, nous dirions aujourd'hui que l'apparition du *si* produit une modulation aux tons de *fa* majeur ou de *ré* mineur. Mais les Grecs ne considéraient pas l'*évitement* du triton par la note conjonctive comme une modulation.

La qualification d'*immuable* appliquée au système avait sa raison d'être. La valeur des sons, même de ceux qui étaient mobiles quant à la constitution des tétracordes, s'y trouvait invariablement fixée, et ce système, écrit comme ci-dessus, formait le principal des *tropes* (*tropos*) nommé *lydien*, par ce motif que le genre *diatonique lydien* en était la base. J'entends par *trope* ce que la plupart des auteurs ont appelé *mode*.

Presque toutes les expressions usitées dans notre langue musicale nous viennent des Grecs : *harmonie*, *mélodie*, *musique*, *ton*, *dièse*, *tonique*, *diatonique*, *chromatique*, *enharmonique*, *tétracorde*, *diapason*, *baryton*, etc. etc. et le mot *mode*, qui, à présent, ne répond qu'en partie à celui de trope, a une étymologie latine. À l'époque où se régularisèrent les formes du plain-chant, cette dérivation traditionnelle de la musique ancienne, la consonnance homogène des sons placés à l'intervalle d'octave était, depuis plusieurs siècles, devenue un principe, et l'inutilité, non-seulement de les distinguer par un nom particulier, mais de comprendre deux octacordes de même nature dans un même système, avait fini par être reconnue. Le mot *modus* (mode), par lequel les Romains avaient traduit le mot *tropos*, n'avait donc plus le sens qu'on lui attribuait précédemment. Quoi qu'il en soit, il n'en signifiait pas moins une espèce de système et, la langue latine étant universellement répandue, les commentateurs du temps crurent devoir le choisir de préférence.

Le *mode*, tel que nous le comprenons aujourd'hui au point de vue mélodique, dépend du caractère particulier qui résulte, pour une gamme, de la disposition différente des intervalles compris dans les deux tétracordes dont elle est formée.

Le mot *ton*, suivi de l'indication d'un des sons de la gamme, sert à déterminer le degré grave ou aigu sur lequel se pose la tonique de cette gamme.

Réunissez les significations de ces deux mots, *mode* et *ton*, et vous aurez celle du *trope* grec, dont toutes les transformations régulières dépendaient de la position qu'il occupait sur le diagramme du système immuable.

Dans notre musique, le ton est désigné par la tonique : chez les Grecs les tropes se distinguaient par le nom d'un des peuples qui faisaient partie de leur État ou dont les colonies s'étaient établies sur leur territoire et auxquels on devait l'invention ou l'introduction d'un de leurs genres diatoniques. Chez nous, la tonique est la note de repos par excellence : exceptionnellement nous terminons quelquefois sur la tierce majeure. Chez les Grecs, la proslambanomène et la mèse, dans la plupart des cas, avaient pour destination de conclure un chant, mais elles partageaient cette faculté avec d'autres notes invariables qui leur étaient souvent préférées. Il n'y avait donc pas de *note tonale* proprement dite dans les systèmes. Je donnerai, néanmoins, cette qualification à la note aiguë des tropes, pour indiquer leur degré d'acuité ou de gravité sur l'échelle musicale.

Les premiers tropes qui furent pratiqués eurent pour éléments les trois genres diatoniques : lydien, phrygien et dorien. Les sons du système étant déterminés, il suffisait, pour former les tropes phrygien et dorien, de prendre, l'un après l'autre, pour notes tonales les deux sons placés à l'intervalle d'un ton au-dessous de celle du *trope lydien*. C'est ainsi que j'ai noté précédemment les trois tétracordes diatoniques. Le système n'en éprouvait aucune altération, quant à la valeur des sons. Mais les notes stables des tétracordes descendaient d'un intervalle de ton et leurs notes variables se modifiaient d'après leur position respective. Ainsi le *trope phrygien* s'établissait sur le *sol*, au moyen de tétracordes phrygiens, et le *trope dorien* sur le *fa*, au moyen de tétracordes doriens.

48 ÉTUDE III.

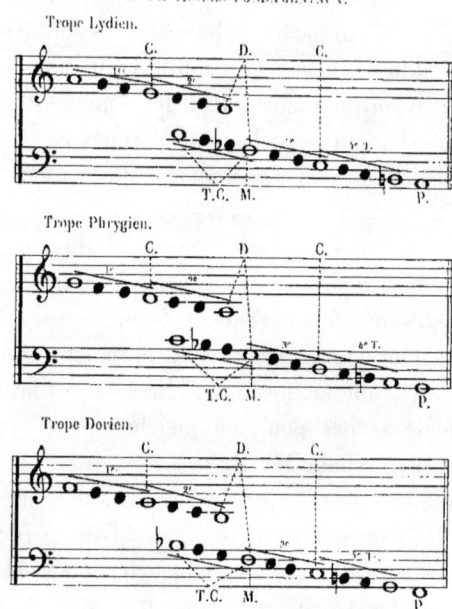

N° 14. TROPES FONDAMENTAUX.

Trope Lydien.

Trope Phrygien.

Trope Dorien.

Le domaine de l'art devait bientôt s'étendre chez un peuple aussi avide de jouissances mélodiques, et on commença par changer le diapason des tropes. L'intervalle de quarte étant le point central sur lequel pivotaient toutes les combinaisons musicales, il fut choisi d'abord pour reporter les trois tropes sur des degrés plus aigus et plus graves. D'autres modifications furent ensuite introduites dans ces tropes, mais leur irrégularité les fit peu à peu abandonner. Les notions que nous fournit l'histoire, à ce sujet, sont trop incomplètes ou incertaines pour que je vous en fasse l'analyse, et je m'en tiendrai aux faits qui me paraissent les plus authentiques.

Comme l'état constitutif des tropes ne changeait pas par

ÉTUDE III.

leur transposition, on leur conserva leurs noms originaires, en se bornant à les faire précéder des prépositions *hyper* (*sur*) et *hypo* (*sous*), suivant leur situation au-dessus ou au-dessous des tropes fondamentaux. Ils se posaient : l'*hyperlydien* sur le *ré*, l'*hyperphrygien* sur l'*ut*, l'*hyperdorien* sur le *si* ♭, à l'aigu; et l'*hypolydien* sur le *mi*, l'*hypophrygien* sur le *ré*, et l'*hypodorien* sur l'*ut*, au grave.

Voici la représentation de ces six tropes, auxquels je donnerai le nom de *plagaux*, qu'on a adopté dans notre plain-chant d'après un mot grec qui signifie *de côté*, c'est-à-dire à droite ou à gauche, en bas ou en haut.

N° 15. TROPES PLAGAUX, A L'AIGU.

Trope Hyperlydien.

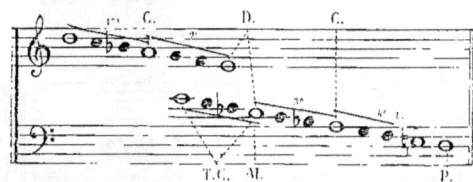

Trope Hyperphrygien.

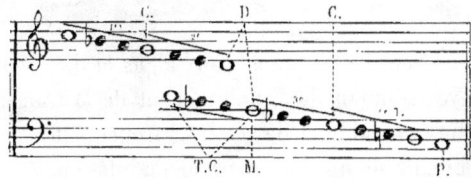

Trope Hyperdorien.

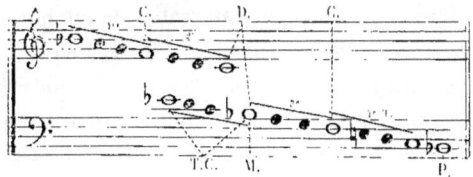

N° 16. TROPES PLAGAUX, AU GRAVE.

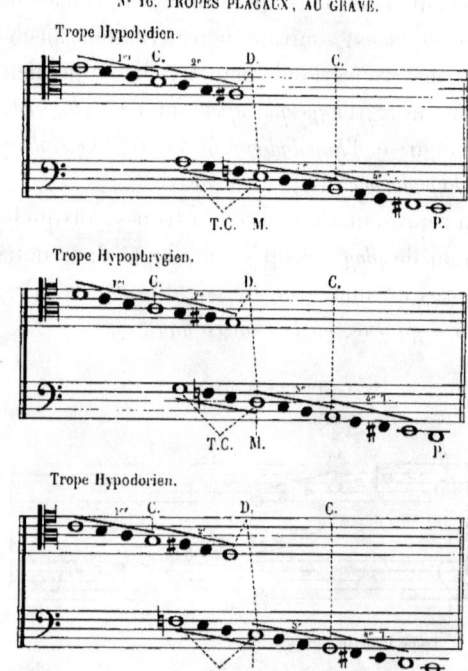

La formation des tropes plagaux aigus et des tropes plagaux graves résultait donc uniquement de la transposition du système immuable et de ses trois tropes fondamentaux, à un intervalle de quarte supérieur ou inférieur.

Ces tropes devinrent encore insuffisants pour les Grecs. Il existait, dans le système, des intervalles de ton qui, à l'aide d'une note intermédiaire, pouvaient se diviser en deux demi-tons, et, comme les notes *la*, *sol*, *fa* étaient les notes tonales des trois tropes primitifs, ils établirent deux nouveaux tropes, sur le *la*♭ et le *sol*♭, qu'ils nommèrent *éolien* et *ionien*.

ÉTUDE III.

Les ouvrages anciens ne contiennent aucune indication sur la composition tétracordale de ces deux tropes; mais dans presque tous il leur est donné une double qualification : l'un est appelé *lydien grave*, l'autre *phrygien grave*. Or le mot *grave* ne peut ici signifier autre chose qu'abaissé d'un demi-ton, et c'est justement sur les sons placés à l'intervalle d'un demi-ton de la note tonale des tropes lydien et phrygien que se posent celles des tropes éolien et ionien. Ces deux nouveaux tropes devaient donc être, le premier, du genre diatonique lydien, le second, du genre diatonique phrygien. Ils provenaient enfin d'une simple transposition des tropes lydien et phrygien à l'intervalle d'un demi-ton, au grave.

De même que les trois tropes fondamentaux, les deux nouveaux tropes eurent leurs plagaux, à l'intervalle de quarte supérieur et inférieur, et ces six tropes complètent l'ensemble des quinze tropes grecs réguliers.

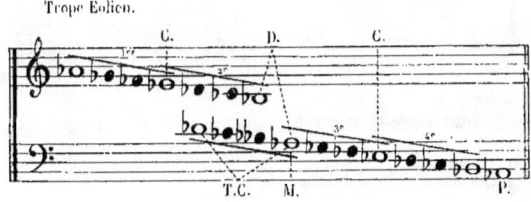

N° 17. NOUVEAUX TROPES FONDAMENTAUX.

Trope Éolien.

Trope Ionien.

ÉTUDE III.

N° 18. NOUVEAUX TROPES PLAGAUX, A L'AIGU.

Trope Hyperéolien.

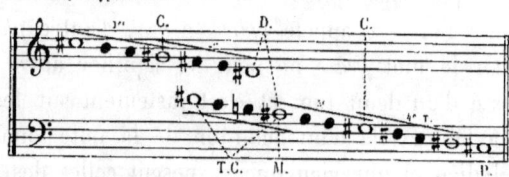

Trope Hyperionien.

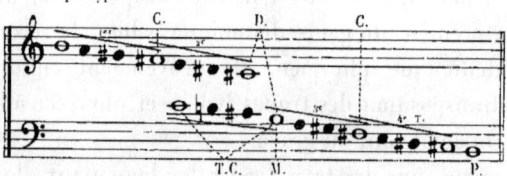

N° 19. NOUVEAUX TROPES PLAGAUX, AU GRAVE.

Trope Hypoéolien.

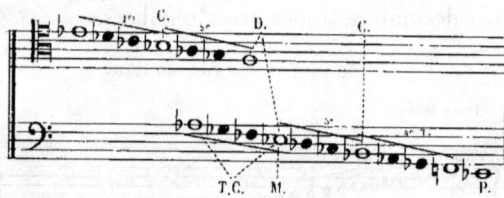

Trope Hypoionien.

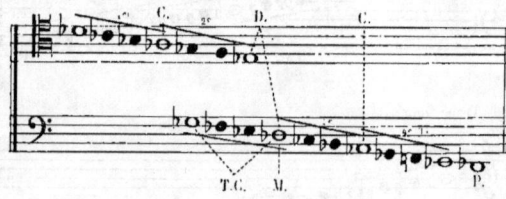

Si nous disposons maintenant la série des quinze tropes d'après leur acuïté ou leur gravité, nous verrons qu'ils se

ÉTUDE III.   53

placent, par voie descendante, sur les quinze degrés chromatiques à partir du *ré* aigu, et que la réunion de leurs notes tonales forme un intervalle d'octave plus un ton. C'est ce que démontre le tableau suivant :

N° 20.

TABLEAU
DES QUINZE TROPES GRECS.

	Notes tonales.	
TROPES PLAGAUX AIGUS.	*Ré*	Trope hyperlydien.
	Ré♭-Ut♯	Trope hyperéolien ou hyperlydien grave.
	Ut	Trope hyperphrygien.
	Si	Trope hyperionien ou hyperphrygien grave.
	Si♭-La♯	Trope hyperdorien.
TROPES FONDAMENTAUX MOYENS.	*La*	Trope lydien.
	La♭-Sol♯	Trope éolien ou lydien grave.
	Sol	Trope phrygien.
	Sol♭-Fa♯	Trope ionien ou phrygien grave.
	Fa	Trope dorien.
TROPES PLAGAUX GRAVES.	*Mi*	Trope hypolydien.
	Mi♭-Ré♯	Trope hypoéolien ou hypolydien grave.
	Ré	Trope hypophrygien.
	Ré♭-Ut♯	Trope hypoionien ou hypophrygien grave.
	Ut	Trope hypodorien.

On comptait les tropes en partant des proslambanomènes, du grave à l'aigu; mais ayant pris les notes supérieures pour notes tonales, dans les exemples précédents, j'ai dû dresser ce tableau, en mettant l'aigu en haut et le grave en bas.

Chaque trope, le lydien excepté, suivant sa position sur le diagramme, dépassait, soit à l'aigu, soit au grave, les extrémités du système immuable; et les notes qui se trouvaient en dehors, lorsque la voix ne pouvait les atteindre, étaient retranchées ou reportées au grave ou à l'aigu avec les mêmes intervalles.

C'est particulièrement pour les instruments, dont le diapason est plus étendu que la voix humaine, que les tropes fondamentaux ont été transposés sur des degrés supérieurs et inférieurs. Les mélodies chantées ne comprenaient en général que quatre, cinq ou six notes; jamais elles ne franchissaient les limites d'une octave. Le système immuable se prêtant donc, de même que le système disjoint, à la position d'un octacorde sur chacun de ses huit degrés supérieurs, toutes les voix graves, moyennes ou aiguës y trouvaient un diagramme octacordal dans lequel elles pouvaient se mouvoir à l'aise, et sans éprouver la moindre fatigue.

Quant au triton, qui se produisait au-dessus de la proslambanomène dans les tropes dorien, hyperdorien et hypodorien, il était d'usage de l'éviter par la suppression de la note variable aiguë du quatrième tétracorde constitutif. Il paraît que cette suppression était admise pour l'une ou l'autre des notes variables de tous les tétracordes, même dans les tropes lydien et phrygien. Aristoxène et Plutarque la signalent comme étant pratiquée par les plus savants et les plus habiles musiciens. « Il en résultait, dit Perne, une cou- « leur différente de modulation, » qui devait produire des effets inattendus. Mais le motif le plus sérieux du retranchement d'un son, dans un trope, a toujours été de détruire la dissonance du triton.

J'ai pris le *la* aigu pour point de départ des systèmes dont je vous ai successivement entretenue, parce que les notes en sont naturellement représentées par les touches blanches du clavier, sans autres altérations que celles du *fa* ♯, dans le *petit système parfait*, du *si* ♭ dans le *système immuable*, et du *mi* ♮ et du *fa* ♯ dans les tropes plagaux. Mes raisonnements en deviennent plus clairs et plus aisés à comprendre. Comme les études que je vous soumets n'ont qu'un but purement musical, j'ai pu, sans inconvénient, négliger certains détails historiques qui ne pouvaient qu'y apporter de la confusion. Ainsi la mèse de l'heptacorde primitif devait occuper le même degré que celle du système immuable, dont la note tonale aiguë est placée, par les uns, sur le *mi*, et, par les autres, sur le *fa* ♯ ou le *sol* ♯. Au fond, la question n'est pas là, car ce serait prendre une peine inutile que de vouloir déterminer aujourd'hui le véritable diapason des tropes. Peu m'importe, en définitive, d'opérer sur un degré plus ou moins aigu ou grave, pourvu que je parvienne à vous faire connaître leur situation respective et leur constitution tétracordale.

C'est pour le même motif que j'ai employé, d'emblée, les prépositions *hyper* (sur), et *hypo* (sous) pour désigner, par la première, les tropes plagaux à l'aigu et, par la seconde, les tropes plagaux au grave, en suivant les indications d'Aristoxène, d'Alypius et d'autres auteurs venus après eux, quoique le mot *hypo* ait eu un sens diamétralement opposé dans les temps antérieurs. On l'attribuait, en effet, aux tropes plagaux à l'aigu, d'après le mode suivi d'écrire le grave en haut et l'aigu en bas. Une transformation aussi radicale dans la signification d'un mot ne peut avoir été provoquée que par une révolution fondamentale dans la théorie musicale, et cette révolution a dû être la conséquence de l'établissement du système immuable. Ce fut alors qu'eut lieu la substitution respective des dénominations des tropes dorien et lydien, comme je suis prêt à vous le démontrer. En adoptant dès le commencement de ces études les qualifications nouvelles qui avaient cours au ıv^e siècle avant l'ère vulgaire et qui dataient du temps de Périclès, je reconnais que j'ai manqué à la vérité de l'histoire, mais je n'ai pas trouvé de meilleur moyen pour dégager mon exposé de toute ambiguïté, et votre esprit de toute incertitude. Après cette observation, mon inexactitude aura sa justification ou au moins son excuse.

ÉTUDE IV.

ÉTUDE IV.

Des sept tropes des anciens Grecs; de divers autres tropes, et principalement du trope mixolydien; de l'application aux tropes fondamentaux des genres chromatique et enharmonique.

Votre curiosité s'est éveillée sur le système des anciens tropes grecs, dont je ne vous ai parlé qu'incidemment et sans entrer dans aucun détail. Vous désirez en outre connaître mes appréciations, quelque problématiques qu'elles puissent être, sur celui d'entre eux, qui est si souvent cité dans l'histoire, le *mixolydien*, dont les mélodies surexcitaient si profondément les esprits, et que son irrégularité a fait néanmoins écarter du système immuable. Que votre volonté soit faite, bien qu'il m'en coûte de suspendre ce que j'ai à vous exposer sur l'application à ce système des genres chromatique et enharmonique; mais, si la digression à laquelle je vais me livrer est un peu longue, si les conjectures que je vais vous présenter ne vous paraissent pas suffisamment fondées, vous ne devrez vous en prendre qu'à vous.

D'après l'ancien système octacordal, il y avait trois espèces de tétracordes, quatre espèces de pentacordes, et de leur conjonction il résultait sept espèces d'octaves ou octacordes.

La première espèce de tétracorde avait le demi-ton au grave; la deuxième, à l'aigu; la troisième, au milieu des deux tons.

La première espèce de pentacorde avait le demi-ton au grave; la deuxième, à l'aigu; la troisième, au deuxième degré en partant de l'aigu, et la quatrième, au deuxième degré en partant du grave.

Si vous voulez bien replacer sous vos yeux le *système disjoint*, en ne tenant pas compte toutefois de sa division tétracordale, telle que je l'ai indiquée dans l'exemple démonstratif, n° 10, p. 42, vous trouverez représentées, par voie ascendante, les trois espèces de tétracordes sur le *si*, l'*ut* et le *ré*, et les quatre espèces de pentacordes sur le *mi*, le *fa*, le *sol* et le *la*.

Les sept espèces d'octaves nommées, depuis, *anciens tropes grecs* se constituant donc par la jonction d'une espèce de tétracorde et d'une espèce de pentacorde, je n'ai plus qu'à vous en donner l'exemple démonstratif.

N° 21. LES SEPT TROPES DES ANCIENS GRECS.

Hypodorien.

1ʳᵉ esp. de T.   4ᵉ esp. de Pe.

Hypophrygien.

3ᵉ esp. de T.   3ᵉ esp. de Pe.

Hypolydien.

2ᵉ esp. de T.   2ᵉ esp. de Pe.

Dorien.

1ʳᵉ esp. de T.   1ʳᵉ esp. de Pe.

Phrygien.

3ᵉ esp. de Pe.   3ᵉ esp. de T.

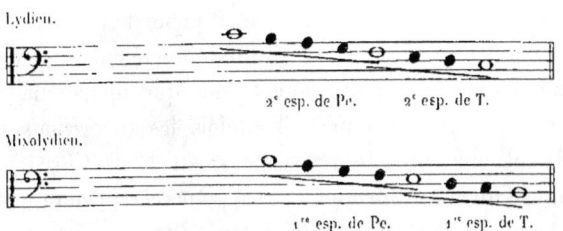

Il suffit de comparer avec soin l'ensemble de ces tropes, pour se convaincre qu'aucune loi ne régissait leur formation constitutive. Les uns se divisaient en un tétracorde au grave et un pentacorde à l'aigu, les autres en un pentacorde au grave et un tétracorde à l'aigu; la note commune était donc tantôt la cinquième et tantôt la quatrième. La règle qui décidait que la note grave d'un octacorde devait être précédée d'un intervalle invariable de ton ne leur était pas applicable ou n'avait pas encore été adoptée, puisque, dans les tropes mixolydien et dorien, cet intervalle n'était que d'un demi-ton. En outre, les cinq derniers tropes contenaient un triton, qui était sévèrement défendu dans la pratique, et qu'on était forcé d'éviter, soit par la suppression d'un son, soit par un mouvement rétrograde dans la direction du chant. Enfin les notes fondamentales de repos n'étaient pas déterminées régulièrement, car il devait être impossible, dans plusieurs des diagrammes, de conclure, d'une manière satisfaisante, sur la note commune ou sur les notes extrêmes. Peut-être se permettait-on, à cette époque, de faire la cadence sur telle note du diagramme qu'on jugeait préférable.

Le système des anciens tropes convenait plus que tout autre aux mélodies graves et austères. J'ai dit, dans ma précédente étude, que c'était celui sur lequel on composait les chants religieux. A ce titre il était digne de respect, et on ne doit pas être surpris qu'il ait toujours été cultivé, comme chez nous le plain-chant, que la musique figurée ne parviendra jamais à détruire. Toutefois les théoriciens n'en parlaient plus, dès le iv⁰ siècle avant Jésus-Christ, que comme d'un fait historique, et c'est pour cela qu'en rappelant les dénominations des vieilles octaves, ils ne manquent pas d'ajouter : « qu'elles étaient celles données par les anciens; » ce qui équivaut à dire qu'elles n'étaient plus d'usage ou que leur signification avait complétement changé.

Des sept octacordes, le mixolydien, avec son triton à l'aigu et son demi-ton au grave, était le moins maniable et le plus rebelle à la conception de chants agréables. Cependant son genre est signalé par les historiens comme étant le plus doux, le plus pathétique et le plus tendre. Il faut bien que ce trope ait été complétement modifié, et il est évident qu'il devait fixer, plus que les autres, l'attention des musiciens, puisque, dans son état naturel, il était si difficile à appliquer. On se décida dès lors à introduire des altérations dans l'état constitutif du trope, et l'on n'eut plus de motif pour s'arrêter; il se pourrait même que les transformations dont son diagramme a été l'objet aient été l'origine de la théorie tétracordale qui a fini par renverser toutes les combinaisons précédentes, ainsi que les dénominations qui leur étaient affectées.

Mais ce serait une témérité que de vouloir sonder le mystère qui couvre et couvrira toujours l'histoire de ces modifications premières, sur lesquelles on chercherait en vain le moindre indice. Mieux vaut, puisque nous sommes forcé de recourir à des hypothèses, les réserver pour le temps où, l'art musical s'étant perfectionné sous des formes nouvelles et plus étendues, nous trouverons quelques données qui nous serviront d'appui. Traversons donc plusieurs siècles, et abordons l'époque où le système immuable s'était établi sous l'empire d'un seul principe fondamental, l'intervalle de quarte, où cet intervalle avait acquis une autorité si souveraine qu'on l'honorait du titre de *divin* ou *sacré*, où enfin il ne restait des anciens tropes que des dénominations qu'on avait échangées ou transposées, en leur donnant des applications tellement différentes de celles qu'elles avaient primitivement, qu'il en résulta une confusion extrême.

Écoutons maintenant ce que dit Platon dans son livre intitulé : *la République* ou *l'État*.

« Quelles sont les mélodies plaintives? — Celles des
« tropes mixolydien et hypermixolydien, et quelques autres
« semblables. Ne faut-il pas les rejeter, puisque, loin d'être
« bonnes pour les hommes, elles ne le sont pas même pour
« les femmes d'un caractère honnête? — Oui. — Rien n'est
« plus indigne des gardiens de l'État que l'ivresse, la mol-
« lesse et l'indolence. — Sans contredit. — Quelles sont
« donc les mélodies molles qu'on chante dans les festins?
« — Celles des tropes lydien et iastien, appelées mélodies
« lâches. — Peuvent-elles être de quelque usage à des gens
« de guerre? — En aucune façon. — Ainsi tu es d'avis
« de n'accepter que les mélodies des genres phrygien et
« dorien. »

Des sages recommandations du grand philosophe découlent les déductions suivantes.

Les tropes dorien et phrygien étaient seuls admis dans sa république, parce qu'ils étaient propres à exprimer les sentiments nobles, mâles et énergiques.

Le trope lydien était repoussé, parce qu'il avait une expression efféminée et énervante.

Il suffit, pour se convaincre de ces faits mélodiques, de jouer sur le clavier la succession descendante des trois tropes (ex. 14, p. 48), en leur appliquant un rhythme, c'est-à-dire en faisant une pose sur les notes invariables de chaque tétracorde, et le jugement de Platon se trouvera confirmé.

Quant aux tropes *mixolydien* et *hypermixolydien*, Platon se borne à dire que leurs mélodies étaient plaintives et indolentes. D'autres philosophes assurent qu'elles produisaient des excitations sensuelles, et c'est pour cela même qu'à Argos un règlement sur les jeux publics en proscrivait l'usage.

Pour que le trope mixolydien ait été l'objet d'un blâme et d'une répression aussi sévères, il faut bien qu'il ait été transformé radicalement. Il faut, de plus, que cette transformation se soit opérée contrairement aux règles générales, puisque, lors de l'établissement du système immuable, il n'a pas été compris au nombre des quinze tropes qui en dérivaient, et qu'on a dû le reléguer parmi les tropes irréguliers. Aristoxène, me dira-t-on, en fait un trope plagal; mais à l'époque d'Aristoxène la musique était entrée dans une phase toute nouvelle, où le système immuable avait perdu son omnipotence.

Dans cet ordre d'idées, pour savoir quelle était la composition du trope mixolydien au temps de Platon, il ne nous reste que la voie des conjectures. Tâchons au moins que celles que nous allons émettre aient quelque apparence de vérité.

Si nous analysons le principe constitutif des tropes fondamentaux, nous voyons que chacun d'eux résulte d'un mélange avec son trope plagal aigu. Telle est même une des causes du caractère vague et incertain de la tonalité grecque. Le trope lydien, par exemple, contient dans son diagramme l'heptacorde grave du trope hyperlydien. De cet heptacorde, les Grecs n'ont admis dans leur système que le tétracorde supérieur, dont ils ont fait le tétracorde conjonctif *ré, ut, si♭, la*, parce qu'il renferme la conjonctive, seule note altérée qui détruit le triton; mais, en fait, l'heptacorde se reproduit intégralement avec six notes communes, plus même le *ré* grave, la proslambanomène du trope. Aussi, si vous jouez sur le clavier le trope lydien, étant bien entendu que vous y intercalerez le tétracorde conjonctif, vous serez disposée à vous arrêter sur cette dernière note et à en faire même la note finale. Or, si un trope, dans sa constitution fondamentale, peut être mélangé avec l'heptacorde inférieur de son trope plagal aigu, comme les relations des tropes se forment par intervalles de quarte, rien ne saurait empêcher que l'heptacorde supérieur de son trope plagal grave se fusionnât également avec lui, et qu'il en fût de même d'un autre trope à l'intervalle de quarte au-dessous de celui-ci. Ces trois combinaisons sont représentées sur les deux tableaux démonstratifs ci-après, dont l'un sert d'explication à l'autre. Faites bien attention que, dans chacune d'elles, le point de disjonction entre les quatre tétracordes constitutifs change de place. Dans la première, il se trouve entre le *si* et le *la;* il est, dans la seconde, entre le *sol* et le *fa*, et, dans la troisième, entre le *ré* et l'*ut*. J'appellerai provisoirement *hypo-hypolydien* le trope ou l'heptacorde posé sur le *si*, à un intervalle de quarte au-dessous de la note tonale du trope hypolydien.

ÉTUDE IV.

N° 22.

TABLEAU DÉMONSTRATIF.

MÉLANGES DU TROPE LYDIEN FONDAMENTAL AVEC SES TROPES PLAGAUX.

A. Fusion de l'heptacorde grave du trope hyperlydien.

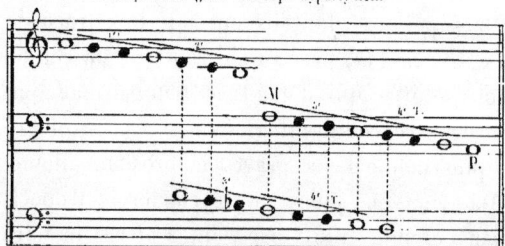

Heptacorde hyperlydien grave. P.

B. Fusion de l'heptacorde aigu du trope hypolydien.

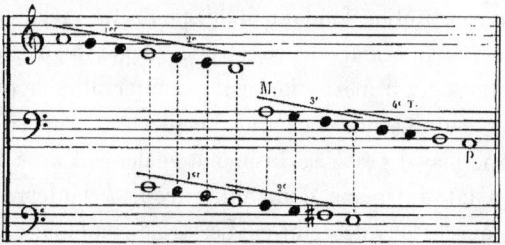

Heptacorde hypolydien aigu. M.

C. Fusion de l'heptacorde aigu du trope hypo-hypolydien.

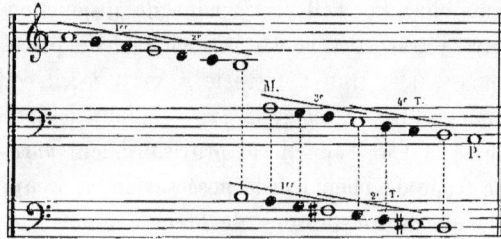

Heptacorde hypo-hypolydien aigu. M.

ÉTUDE IV.

N° 23.

TABLEAU DÉMONSTRATIF.

SUCCESSIONS DES TROPES PRÉCÉDENTS

A. Trope lydien.

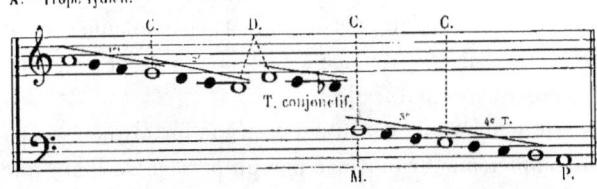

B. Trope mixolydien.

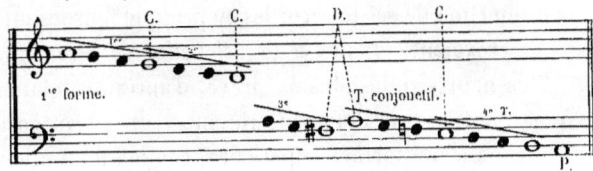

C. Trope mixolydien.

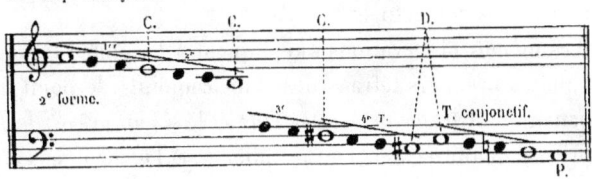

Dans l'exemple A, qui n'est qu'une reproduction du trope lydien, l'heptacorde aigu se répète exactement au grave, à l'intervalle d'octave. L'heptacorde hyperlydien conjonctif n'est qu'accessoire et pourrait être retranché sans altérer la constitution fondamentale du trope.

Dans l'exemple B, au contraire, l'heptacorde hypolydien, par son tétracorde aigu, fait corps avec le premier heptacorde constitutif; le point de disjonction est transporté entre le troisième et le quatrième tétracorde, de manière que le premier tétracorde du deuxième heptacorde constitutif devient, en réalité, le tétracorde conjonctif; et si on le supprimait, le *fa* aigu n'aurait plus, au grave, son antiphonie, son octave. Il y a donc mélange, mixture, fusion de deux tropes qui produit un effet modulant, et la qualification de *mixo* (mêlé, mixte) donnée à ce nouveau trope, en serait une conséquence naturelle.

Cette manière de constituer le trope mixolydien me paraît complétement confirmée par un passage de Plutarque, qui dit que Lamprocle avait remarqué que ce trope n'avait pas la disjonction de ses tétracordes où presque tous les musiciens la croyaient, et que cette disjonction se faisait plus haut. Plus haut signifie plus au grave, d'après la notation grecque. Ajoutons que Plutarque raisonne sur la transposition du trope à une octave supérieure, comme nous allons le voir tout à l'heure. Ce passage ne donne-t-il pas quelque valeur à mes conjectures?

Les mêmes observations s'appliquent à l'exemple C, où, les quatre premiers tétracordes étant conjoints, le point de disjonction est transporté entre l'*ut♯* et le *si*, au grave; le *fa* aigu perd définitivement son antiphonie, et l'*ut* aigu ne la retrouve que par le quatrième tétracorde primitivement constitutif, mais devenu conjonctif, *mi, ré, ut, si*, qui ramène dans la tonalité de départ. Ce trope est par conséquent plus altéré que le précédent.

La possibilité de fusionner divers tétracordes lydiens étant reconnue, les musiciens avaient un vaste champ ouvert pour combiner d'autres mélanges encore plus compliqués, dans le genre des dispositions suivantes.

ÉTUDE IV.   69

N° 24. TROPES MIXOLYDIENS.

Avec fusion des heptacordes hypolydien et hypo-hypolydien.

3ᵉ forme.

Avec fusion des heptacordes hyperlydien, hypolydien et hypo-hypolydien.

4ᵉ forme.

Pour vous faire mieux comprendre ces enchaînements de tétracordes diatoniques lydiens, j'ai commencé tous les exemples ci-dessus par le premier heptacorde du système immuable, et il s'en est suivi que les mélanges ne s'opèrent qu'à partir du *si*, note aiguë de l'ancien octacorde mixolydien. Or, pour restreindre le trope mixolydien à sa constitution spéciale, il n'y a qu'à supprimer les sept notes supérieures. L'étendue du trope étant, par là, trop réduite et son diagramme trop grave pour être à l'usage de toutes les voix, il n'était plus en rapport avec le développement que la musique avait pris, et on a fini par le transposer à l'octave supérieure. Voilà pourquoi Aristoxène a indiqué sa position sur le *si* aigu, à l'intervalle d'un ton au-dessus du trope lydien ou du système immuable. En affectant ce degré au trope mixolydien, nous pouvons multiplier ses combinaisons d'heptacordes mélangés, comme dans les exemples ci-après, où les rapports entre les notes invariables et les notes variables, déjà altérés dans les précédents, se trouvent entièrement bouleversés.

N° 25. TROPES MIXOLYDIENS TRANSPOSÉS A L'OCTAVE AIGUE.

Avec fusion des heptacordes lydien et hypolydien.

5ᵉ forme.

Avec fusion des heptacordes lydien, hypolydien et hyperlydien.

6ᵉ forme.

Tel aurait été, d'après mes impressions, le principe constitutif du trope mixolydien. Si je ne puis me permettre de soutenir que l'une de mes combinaisons reproduise ce trope dans la forme exacte qu'avaient adoptée les anciens, j'ai du moins la confiance qu'il procédait d'un mélange ingénieux de tétracordes lydiens. Tous les tétracordes qui se fusionnent dans les exemples précédents sont en effet du même genre. Quelques-uns, en s'enchevêtrant dans les autres, sont interrompus dans leur succession directe : si vous voulez les reformer, vous n'aurez qu'à suivre les lignes que j'ai tracées sous les notes de ceux dont la série est scindée et peut être rétablie à volonté.

Les genres diatoniques dorien et phrygien auraient pu être appropriés à de semblables mélanges, mais plus difficilement, et les mélodies qui en seraient résultées n'auraient pas eu, sans doute, pour les Grecs, autant de charme que celles obtenues par les combinaisons lydiennes. Vous pourrez juger des couleurs éminemment mélancoliques et tendres du trope mixolydien, même avec les sons inflexibles de votre piano, et vous approuverez la proscription qu'a prononcée contre lui Platon, dans la rigueur de sa philosophie, ainsi que contre l'hypermixolydien, qui devait se constituer d'après les mêmes éléments.

Aristoxène, le seul des théoriciens dont je me propose de vous expliquer le système, parce que son traité sur la musique est le plus ancien que nous possédions, n'admet, sur les quinze tropes qui figurent dans le tableau n° 20, p. 53, que les cinq tropes fondamentaux et leurs tropes plagaux au grave. Aux cinq tropes plagaux supérieurs il en substitue trois, le *mixolydien grave*, sur le si -, le *mixolydien aigu*, dont je vous ai indiqué la position sur le *si* naturel, et un troisième qu'il nomme *hypermixolydien*; ce qui réduit à treize le nombre des tropes. Il place ce dernier trope sur l'*ut*, à un demi-ton au-dessus du mixolydien aigu. Les trois tropes mixolydiens, dans leur ensemble, n'auraient donc plus été soumis à la loi commune des relations par intervalle de quarte, et leur constitution tétracordale pouvait dès lors différer de celle des autres. De toutes façons, la préposition *hyper* avait perdu sa signification relative, et J. J. Rousseau a fait erreur en prétendant qu'un intervalle de quarte, à l'aigu, devait séparer l'hypermixolydien du mixolydien. Nous déduirons de ces observations que la transposition des tropes était devenue facultative, et que l'adjonction du mot *hyper* n'avait plus qu'un sens général pour exprimer qu'un trope était plus haut que celui dont il empruntait la dénomination. Au fond c'était un progrès, et dans le Banquet des savants Héraclide pouvait dire avec raison : « Je ne vois pas quel caractère particulier peut « acquérir un trope à être placé soit au-dessus de celui-ci, « soit au-dessous de celui-là. » Il est vrai qu'à l'époque d'Aristoxène on ne pratiquait plus qu'un seul genre diatonique régulier, le lydien. Les tables d'Alypius le prouveraient, puisque les quinze tropes fondamentaux et plagaux dont je vous ai signalé les différences constitutives y sont représentés comme composés des mêmes tétracordes diatoniques avec le demi-ton au grave. Mais ne serait-il pas possible qu'Aristoxène, qui était essentiellement sensualiste, n'ait adopté qu'en partie le principe de l'uniformité tétracordale des tropes, et qu'il ait voulu, malgré l'irrégularité de leur formation, conserver les variétés mixolydiennes qui se prêtaient à l'expression des émotions les plus douces? Je n'émets ici qu'une simple présomption, sur laquelle je n'insisterai nullement.

Il est notoire qu'il a existé un bien plus grand nombre de tropes que ceux que je vous ai désignés jusqu'à présent. Chez un peuple dont l'imagination était si active, on a dû inventer une multitude de combinaisons qu'on aura négligées parce qu'elles étaient ingrates ou barbares, ou qu'elles n'étaient plus de mode. Anaxilas n'a-t-il pas dit que « comme « dans la Lydie, il se produisait, chaque année, des monstres « en musique? » Il entendait par *monstres* les tropes dans lesquels on mélangeait plusieurs genres, et le système mélodique des Grecs était de nature à favoriser de semblables anomalies.

Parmi ces tropes, que le temps fit abandonner, je ne puis vous citer que l'*iastien*, le *locrien* et le *commun*, dont l'origine remonte bien au delà du siècle de Périclès. Les théoriciens, même les plus anciens, confondent l'iastien avec l'ionien et le locrien et le commun avec l'hypodorien. Je ne saurais comprendre l'utilité de plusieurs qualifications pour un seul et même trope, et je crois plutôt que chacune d'elles entraînait avec elle certaines modifications dont la tradition aura été perdue. L'ionien n'était que la reproduction du phrygien abaissé d'un demi-ton, et Platon n'a pu l'avoir en vue, quand il a répudié l'iastien à cause de la mollesse de ses mélodies. Au temps d'Aristoxène, on n'avait plus aucune donnée sur la constitution spéciale de ce dernier trope ni sur celle du locrien ou du commun, et c'est là le motif qui les a fait assimiler à ceux qui portaient sur les mêmes degrés dans le système immuable. Il faudra donc, qu'à l'exemple de tous les savants, vous vous contentiez de savoir les noms et la position de ces trois tropes. L'histoire fait mention d'un autre trope, qui ne me paraît pas devoir être antérieur au ive siècle avant l'ère nouvelle, le *syntonolydien;* je m'expliquerai plus tard sur sa formation et sur sa dénomination.

Nous allons passer à l'application des genres chromatique et enharmonique.

Vous vous rappelez que, dans les traités grecs, il n'est question que d'une seule variété du genre chromatique, celle que j'attribue au tétracorde lydien. En disposant d'après ce genre les tétracordes dorien et phrygien, j'ai donné prise à la critique. Plus j'y réfléchis, cependant, plus je me persuade qu'il n'a pu en être autrement. Si Aristoxène est resté muet sur ce point, c'est que, sous l'empire du goût dominant de son siècle pour le genre diatonique lydien, il a dû mettre à l'écart les variétés dorienne et phrygienne, qui auraient renversé toute l'économie de son système. Enfin, j'espère que vous m'approuverez, lorsque, par des essais sur le trope phrygien chromatisé, vous aurez été à même d'apprécier les ressources qu'il met à votre disposition pour peindre la tristesse et la douleur. Je tiendrais beaucoup moins au trope dorien chromatisé, et je ne demanderais pas mieux que d'y renoncer, à cause des difficultés qu'offre l'emploi des deux demi-tons, à l'aigu de ses tétracordes.

N° 26. TROPES CHROMATISÉS.

Dans ces trois tropes, le tétracorde conjonctif peut être supprimé sans inconvénient, puisqu'ils ne renferment pas de triton.

ÉTUDE IV.

L'absence de liaison qui provient du trihémiton, dans le genre chromatique, est compensée par une fusion plus étroite entre les sons des autres intervalles, qui ne sont séparés l'un de l'autre que d'un demi-ton. Il se produit, entre ces sons, une appellation chromatique dont la suavité devait avoir beaucoup d'attrait pour l'ouïe si sensible des Grecs, et nous aurions de la peine à en être affectés autant qu'eux, aujourd'hui que nous sommes habitués à des combinaisons harmoniques d'un effet tout différent.

Je vous ai fait connaître la constitution tétracordale du genre enharmonique, et je n'ai plus qu'à vous présenter le trope qui résulte de son application. Pour vous aider dans l'étude de son expression mélodique, je commencerai par en noter le diagramme avec une mesure à trois temps, en retranchant la note variable au grave de chaque tétracorde. Cette suppression d'une note variable était autorisée, je vous l'ai dit plus haut.

N° 27. TROPE ENHARMONIQUE (LYDIEN).

AVEC SUPPRESSION DE LA NOTE VARIABLE GRAVE DES TÉTRACORDES.

Répétez maintenant ce diagramme sur votre clavier et cherchez à y introduire mentalement ce deuxième son variable que j'ai supprimé, en lui donnant une valeur égale à un quart de ton au-dessus de la note invariable au grave du tétracorde. Par ce moyen vous pouvez vous faire une idée de ce qu'était le genre enharmonique. Si, mieux encore, vous aviez un violoncelliste à votre disposition, priez-le d'exécuter le trope dont la notation régulière est la suivante; sur son instrument les quarts de ton sont plus praticables que sur tout autre.

N° 28. TROPE ENHARMONIQUE (LYDIEN).

Dans ce trope, aussi bien que dans les tropes chromatiques, le tétracorde conjonctif est inutile.

Je ne pense pas que des exemples de l'emploi mélodique de tous les tropes vous soient nécessaires. Pour les tropes diatoniques, qui ont tant de rapports avec nos modes, la tâche est trop facile, je vous en laisse le soin, et vous vous en acquitterez beaucoup mieux que moi, qui n'ai pas le privilége de vos charmantes inspirations. Il vous suffira, pour conformer vos mélodies au sens musical de l'époque, de maintenir la valeur relative qui appartient à chacune des notes, de ne jamais dépasser les bornes d'un octacorde, et d'établir vos repos périodiques sur les notes stables des tétracordes, principalement sur la mèse ou la proslambanomène, de préférence aux notes variables sur lesquelles on ne tolérait qu'une pause légère. Quant aux cadences finales, j'ai d'autres points à traiter avant de vous parler de leurs diverses formes.

Vous serez plus embarrassée, je le crains, pour composer sur les tropes chromatiques et sur le trope enharmonique:

ÉTUDE IV.

c'est ce qui me détermine à vous soumettre, dans ces deux genres, quelques phrases écrites sans la moindre prétention et de la plus grande simplicité. Mais abstenez-vous de leur adapter un accompagnement moderne, elles perdraient aussitôt le caractère de la musique grecque, qui ne comportait d'autre harmonie que celle de l'unisson (*homophonie*) et de l'octave (*antiphonie*).

À la première lecture, ces mélodies vous paraîtront étranges. Ne vous rebutez pas, essayez-les à plusieurs reprises et votre oreille finira par s'y habituer. Qui sait même si vous ne parviendrez pas à les trouver agréables ?

N° 29. MÉLODIES CHROMATIQUES.
GENRE LYDIEN.

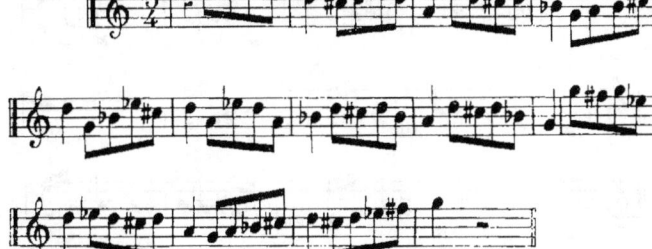

N° 30. GENRE PHRYGIEN.

ÉTUDE IV.

N° 31. GENRE DORIEN.

N° 32. MÉLODIE ENHARMONIQUE.

Genre lydien.

ÉTUDE IV.   79

Nota. Pour écrire régulièrement les exemples ci-dessus, j'ai été obligé de me servir de dièses et de bémols; mais je ferai observer au violoncelliste qui aurait à les exécuter, que la valeur de ces signes accidentels doit être celle du tempérament, c'est-à-dire que celle qu'il donnera au double bémol devra être de neuf commas, au dièse et au bémol de quatre et demi, et au demi-bémol de deux et un quart commas. Pour obtenir, toutefois, plus d'expression dans son jeu, il pourra faire fléchir légèrement la note *altérée* dans le sens que lui indiquera la mélodie, quelle que soit la nature de l'accident ♭♭, ♭, ♯ ou ♮. Son goût et son sentiment seront les seuls guides qu'il consultera.

Il ne vous aura pas échappé que cette dernière mélodie est calquée sur celle qui précède dans le genre lydien chromatisé, et ce n'est pas sans intention. Sur ce trope, un air pouvait être reproduit, aussi bien dans les genres chromatique et enharmonique que dans le genre diatonique. Les notes invariables conservaient leur valeur de durée; quelques changements étaient seuls nécessaires dans les notes mobiles, suivant la constitution tétracordale. La même mélodie en diatonique serait la suivante :

N° 33. MÉLODIE DIATONIQUE.
Genre lydien.

La comparaison que vous ferez de ce seul et même air, écrit dans les trois genres, n'est-elle pas une instruction des plus intéressantes pour mettre en lumière la diversité de leur effet mélodique? Il se pourrait bien, malgré l'explication qu'en donne Plutarque, que cette triple modulation fût ce que les Grecs entendaient par le mot *trimelès*.

La faculté de transformation, que possédait le trope diatonique lydien, ai-je déjà dit, était loin d'exister au même degré dans les tropes diatoniques phrygien et dorien. Si le phrygien pouvait être chromatisé, le dorien ne s'y prêtait que difficilement, et ni l'un ni l'autre n'étaient susceptibles d'être enharmonisés. Serait-ce encore là une des causes de l'abandon auquel tous deux furent condamnés par la suite des temps?

Je n'ai plus rien à ajouter sur *ces fameux tropes grecs qui ont donné lieu à tant de contes;* c'est ainsi que s'expriment les auteurs de l'Essai sur la musique ancienne et moderne (l'abbé Roussier et de la Borde). Je crains bien qu'à votre tour vous ne considériez comme des fantaisies de mon imagination les probabilités d'après lesquelles je les ai rétablis, en m'appuyant, néanmoins, sur les renseignements qui m'ont paru les moins douteux. Lorsque la vérité ne se présente pas à nos yeux dans son état de nudité, nous tâchons de l'entrevoir à travers les voiles qui la déguisent, et si nos efforts sont vains, il faut bien nous en consoler.

P. S. Puisque vous m'en avez exprimé le désir, je joins à la présente étude l'exposé des considérations qui m'ont déterminé à ne pas admettre la constitution tétracordale des tropes dorien et lydien telle qu'elle est adoptée généralement. La forme de cet exposé est peut-être trop scientifique; mais, pour défendre ma doctrine, j'ai dû recourir aux armes de l'érudition, et vous voudrez bien ne pas vous en offenser. (Voir 1re note supplémentaire.)

ÉTUDE V.

ÉTUDE V.

Exposé d'une théorie nouvelle sur l'assimilation des sons aux couleurs prismatiques, au point de vue de la tonalité moderne; des tonalités pentacordales.

Le moment me semble opportun pour remplir l'engagement que j'ai pris envers vous, au sujet de l'assimilation des sons et des couleurs, cette assimilation devant me fournir des déductions utiles pour vous mieux expliquer les irrégularités fondamentales du système mélodique des Grecs. Vous me permettrez donc d'interrompre mes études sur ce système. La théorie comparative que je vais vous exposer a pour objet principal de faire ressortir la perfection de la tonalité moderne et de démontrer, je l'espère du moins, que les bases sur lesquelles elle repose sont désormais inébranlables.

De tous temps on a cherché à comparer les *sons* aux *couleurs*, et l'on n'est pas parvenu à analyser d'une manière satisfaisante les points réels d'assimilation ou de dissemblance qui peuvent se trouver entre eux.

Les couleurs ont pour principe la *lumière*, que Dieu créa avant toute chose, car, sans la lumière, l'univers n'eût été qu'un véritable chaos. Si la lumière vient à être interceptée, les couleurs disparaissent immédiatement avec elle.

Les sons n'ont qu'une cause accidentelle; leur durée est passagère; mais ils sont perceptibles au grand jour comme dans la nuit la plus profonde.

Les sensations que nous font éprouver les sons et les

couleurs sont attribuées par les savants à l'action d'ondes sonores ou lumineuses, qui, traversant l'espace, viennent affecter notre organe auditif ou notre organe visuel. Dans le milieu où nous vivons il y a des parties pondérables, quoique invisibles, qu'on nomme *air*, et des parties impondérables, et invisibles aussi, qu'on nomme *éther*. Les ondes sonores se propagent dans l'air, les ondes lumineuses dans l'éther.

Si nous formons le vide par l'absorption de toutes les parties pondérables de l'air, l'éther y persistera. C'est pour cela que la lumière et, dès lors, les couleurs pénètrent le vide et que les sons ne le pénètrent pas.

Les ondes sonores sont provoquées dans l'air par un mouvement vibratoire et rapide imprimé aux diverses parties d'un corps plus ou moins élastique; les ondes lumineuses, qui se développent dans l'éther, sont produites par le mouvement également vibratoire et rapide des molécules d'un corps en ignition.

La coloration résulte de la décomposition de la lumière. Étant donné que la lumière peut se subdiviser en une infinité de couleurs ou, pour mieux dire, en autant de rayons ondulants diversement colorés, tout corps qui, en raison de son état moléculaire, n'est susceptible de réfléchir sur notre pupille qu'une seule espèce de rayons, et qui absorbe tous les autres ou les disperse dans des directions contraires, se revêt à nos yeux d'une seule et même couleur. En d'autres termes, les ondulations des rayons, soit rouges, soit jaunes, soit verts, etc. etc. seront les seules qui arriveront jusqu'à nous.

Comme la lumière, le son se subdivise et se réfléchit, mais dans des conditions tout autres, puisque le son ne tire son existence que d'une perturbation momentanée dans l'équilibre de l'air.

La subdivision du son a lieu en une multitude d'autres sons moins intenses, dont l'ensemble compose ce qu'on entend par *résonnance naturelle*. On appelle ces sons *concomitants*, parce que nous les percevons en même temps que le son principal, qui, à leur égard, est qualifié de *son générateur*. Jusqu'à présent aucun instrument n'a été inventé pour décomposer un son avec autant de précision et d'évidence que le prisme, qui sert à réfracter un rayon solaire et le transforme en une image colorée, à laquelle on donne le nom de *spectre solaire*. Nos facultés auditives sont donc le meilleur guide que nous ayons pour apprécier la résonnance multiple du son générateur, et les seuls sons concomitants que nous puissions distinguer sont ceux dont les rapports, soit consonnant, soit dissonant avec lui, sont assez sensibles pour que notre oreille en soit affectée : les sons de cette espèce se nomment *harmoniques*. On conçoit combien une telle opération présente d'incertitude ; mais dans les couleurs, comme dans les sons, il n'y a et il ne peut y avoir rien de défini, ni rien d'absolu.

J'ai dit que la faculté de réflexion appartenait au son de même qu'à la lumière, et j'ai ajouté qu'elle s'exerçait d'une autre manière. Le son, en se réfléchissant sur un corps dur et solide, revient sur lui-même, dans son état homogène. Si ses ondes sonores heurtent un corps suffisamment rigide et flexible, ce corps lui-même est mis en vibration et produit un autre son. La lumière, au contraire, ne peut frapper un corps sans éprouver une transformation quelconque, provenant de sa décomposition immédiate par le moindre contact. Le corps est-il diaphane ? elle

le pénètre en partie pour s'y réfracter, car il est convenu que l'éther existe dans les corps diaphanes de même que dans l'air ambiant. Le corps est-il opaque? sa surface, comme je le disais tout à l'heure, ne nous renvoie qu'une ou plusieurs espèces des rayons décomposés de la lumière, sous l'apparence d'une couleur distincte. En résumé, si le son et la couleur sont l'un et l'autre un effet, les causes auxquelles ils doivent leur formation diffèrent essentiellement. Il n'y a donc aucune analogie de principe à établir entre eux, et, par la même raison, il ne peut y en avoir entre la série des sons *harmoniques* issus du son générateur et la série des couleurs issues de la lumière. Les phénomènes de la nature sont entourés de mystères que la Providence ne permettra jamais à l'homme d'approfondir. Nous cherchons toutefois à en faire la démonstration, en imaginant des hypothèses plus ou moins ingénieuses qui, de génération en génération, sont successivement combattues, acceptées, modifiées ou remplacées par de nouvelles, et nous n'en sommes pas beaucoup plus avancés. Un physicien moderne, M. Jamin, a dit, avec une franchise qui l'honore :
« Nous avons une habitude ou une tendance de l'esprit qui
« nous porte à vouloir tout expliquer, et à inventer l'expli-
« cation quand elle nous manque. Or il est évident qu'on
« peut logiquement descendre d'une cause à l'effet qu'elle
« détermine. Il n'en est pas moins clair que l'opération
« inverse est absolument dépourvue de règles et livrée à
« tous les hasards de la conjecture. »

Le véritable progrès dans la science n'a pas sa source dans la recherche des causes, mais dans l'étude comparative des effets, et c'est là où nous allons trouver un point d'assimilation qui, jusqu'à présent, n'a pas été observé, entre une série quelconque de sons chromatiques et la série des couleurs que nous devons à l'expérience du prisme.

Le spectre solaire se compose d'un nombre incalculable de nuances qui se marient, se fusionnent alternativement les unes avec les autres, et forment des ondulations qu'on voudrait en vain calculer mathématiquement. Dans ces ondulations, il y a des points qui sont plus apparents, des couleurs plus tranchées, que nous distinguons avec facilité, et auxquels on a donné les noms de *rouge, orangé, jaune, vert, bleu, indigo* et *violet*.

Ces points plus perceptibles, qui sont placés à des intervalles inégaux, sont si peu arrêtés qu'ils paraissent variables à la vue. L'inégalité de leur position résulte du degré de déviation que subissent les parties constitutives du rayon lumineux, suivant l'ouverture plus ou moins large de leur angle de réfraction, entre les deux faces divergentes du prisme. Mais si nous avions un autre moyen plus régulier de décomposer la lumière, nous obtiendrions, je n'hésite pas à le dire, une égale proportion dans les intervalles auxquels se produisent les sept couleurs qui ont été caractérisées par une dénomination spéciale. Je prévois les objections qu'on peut faire à cette manière de voir ; on me parlera des longueurs d'ondes des rayons de chaque couleur qui diminuent en raison inverse du nombre de leurs vibrations, et de bien autre chose. Je ne m'y arrêterai pas. Loin de faire ici de la science positive, je n'obéis qu'à mes inspirations un peu vagabondes, aventureuses peut-être, toujours guidées cependant par cette conviction intime que, si les éléments primordiaux de ce qui est dans la nature doivent nous rester éternellement inconnus dans leur essence, il nous est permis d'arriver, par induction, à la connaissance des lois qui régissent leur marche phénoménale.

Parmi les sept couleurs, il y en a trois qu'il est d'usage de nommer *simples* ou *fondamentales* : le *rouge*, le *jaune* et le *bleu* ; les quatre autres sont réputées provenir de leur mélange respectif, et nous les appellerons *composées* ou *transitoires*. Ainsi l'*orangé* est une combinaison du *rouge* et du *jaune*, le *vert* une combinaison du *jaune* et du *bleu*. Quant à l'*indigo* et au *violet*, les uns considèrent le premier comme une combinaison du *bleu* et du *violet*, et le second comme une combinaison de l'*indigo* et du *rouge*; les autres, se fondant sur ce que les principes colorants de ces deux nuances, le *bleu* et le *rouge*, sont les mêmes, mais seulement mélangés dans une proportion différente, n'admettent qu'une seule couleur, à la fin du spectre, le *violet*, et suppriment l'*indigo*. Cette dernière théorie, qui réduit à six le nombre des couleurs que l'œil peut discerner aisément, ne sera pas celle de mon choix, et vous en apprendrez bientôt le motif.

En examinant attentivement le spectre solaire, nous remarquons que, de même qu'une teinte *violette* apparaît après l'*indigo*, une autre teinte *violette* s'aperçoit avant le *rouge*, teinte qui est nécessairement précédée d'un autre *indigo*, sans lequel elle ne se formerait pas. Si l'*indigo* et le *violet* sont plus appréciables d'un côté et se projettent sur une surface notablement plus étendue que de l'autre, cela tient à l'irrégularité qu'on ne peut éviter dans l'expérience du prisme. Ces deux couleurs résultant, principalement, d'un mélange inégal de *rouge* et de *bleu*, nous pouvons supposer que ce mélange se compose, pour l'*indigo*, de deux tiers de *bleu* et d'un tiers de *rouge*, et, pour le *violet*, de deux tiers de *rouge* et d'un tiers de *bleu*. Or d'où proviendraient ces quantités de *rouge* d'une part et de *bleu* de l'autre, si ce n'est d'autres spectres solaires contigus, et restant à l'état *latent?* Nous sommes en conséquence autorisé à dire que les spectres solaires, quoiqu'un seul se révèle dans l'expérience, se succèdent indéfiniment dans l'espace; que le *rouge* et le *bleu*, faisant partie de la triade des couleurs fondamentales, exercent, par la dispersion de leurs rayons, une influence réciproque jusqu'au delà des extrémités de la série colorée; qu'enfin les points perceptibles du spectre, qui doivent se rapprocher le plus de l'obscurité, ne sont pas le *rouge* au commencement et le *violet* à la fin, mais bien le *violet* avant le *rouge* et l'*indigo* après le *bleu* : ce qui nous conduit aux déductions suivantes.

Premièrement, dans le spectre solaire, image de la lumière décomposée, il y a un point où elle ne l'est pas et sur lequel se concentre l'effet lumineux dans toute son intensité. Ce point est placé au cœur du *jaune*, et si le rayon infinitésimal qui en émane était saisissable à la vue, à travers les myriades d'autres rayons de toutes couleurs qui, en se croisant les uns les autres, frappent simultanément notre nerf optique, ce rayon indécomposé nous représenterait la lumière la plus pure, le jour dans tout son éclat, en un mot, le *blanc*.

Secondement, l'effet lumineux se dégrade progressivement dans la formation de l'*orangé* et du *vert*, puis du *rouge* et du *bleu*, et s'affaiblit de plus en plus dans celle du *violet* et de l'*indigo*, jusqu'à ce qu'il s'éteigne définitivement. Entre l'*indigo* et le *violet* il y aurait donc un point d'obscurité, obscurité qui serait complète pour nos yeux, s'ils n'étaient pas affectés par les rayons multiples de toutes nuances dont ils sont atteints en même temps. Ce point d'obscurité, par opposition au point lumineux, pourrait être assimilé à la nuit la plus profonde, ou bien au *noir*, par opposition au *blanc*.

Je poserai dès lors en principe qu'il existe, au centre du spectre solaire, ramené par le raisonnement à des proportions régulières, un effet lumineux qui se propage en s'affaiblissant vers ses extrémités, où se produit un effet obscur qui n'est autre chose que la décroissance graduelle de la lumière jusqu'à sa disparition entière. L'action de l'effet lumineux pourrait ainsi, rationnellement, être divisée en deux parties : l'une où la lumière est prépondérante, et à laquelle je conserverai la dénomination d'*effet lumineux*, l'autre où la lumière s'éteint insensiblement, et que je qualifierai d'*effet obscur*.

Et maintenant vous allez reconnaître avec moi l'assimilation parfaite qui se rencontre entre la série des sept couleurs du spectre, quel que soit le rayon solaire que vous soumettiez à la réfraction du prisme, et une série de sept sons chromatiques, quelle que soit leur position sur l'échelle musicale.

Le premier des deux tableaux ci-joints (n° 34) représente les proportions relatives des couleurs des trois spectres solaires contigus, dans lesquels je rétablis l'égalité des intervalles, et dont un seul, celui du milieu, est visible. Le deuxième tableau (n° 35) reproduit l'assimilation graphique des sons et des couleurs qui se correspondent, par des formes circulaires qui rendront matériellement plus palpables les considérations auxquelles je vais me livrer.

TABLEAUX Nos 34 ET 35.

TABLEAU

RAMENÉ A DES PROPORTIONS RÉGULIÈRES

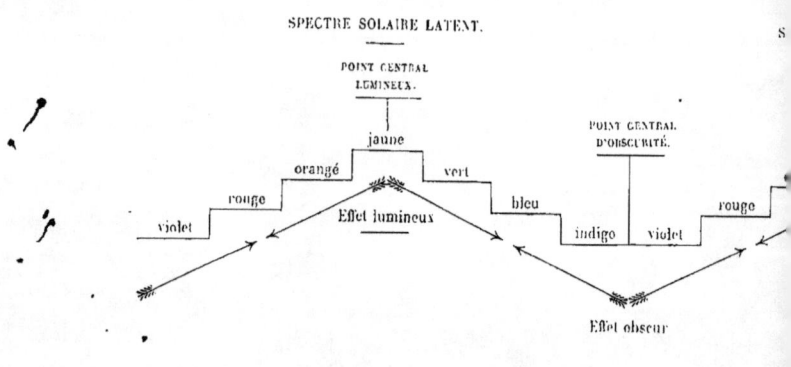

SPECTRE SOLAIRE LATENT.

SERVANT A L'ÉTUDE DE L

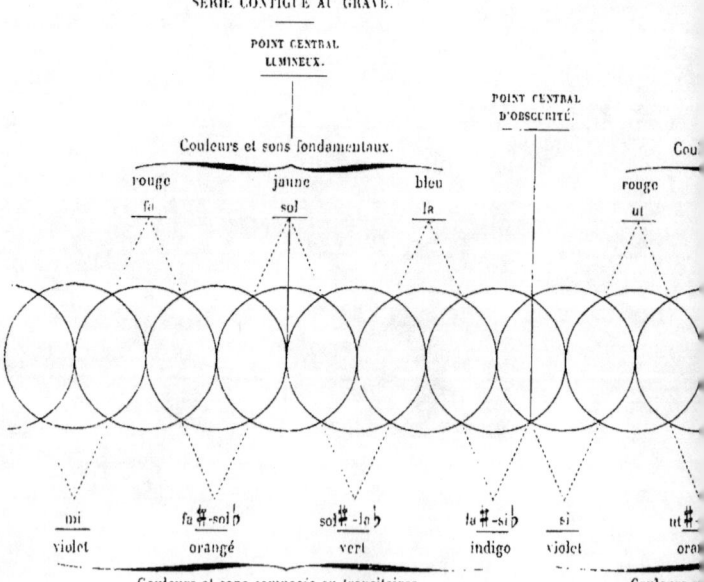

SÉRIE CONTIGUË AU GRAVE.

LAIRE
RES SPECTRES CONTIGUS ET LATENTS.

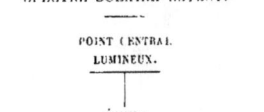

SPECTRE SOLAIRE LATENT.

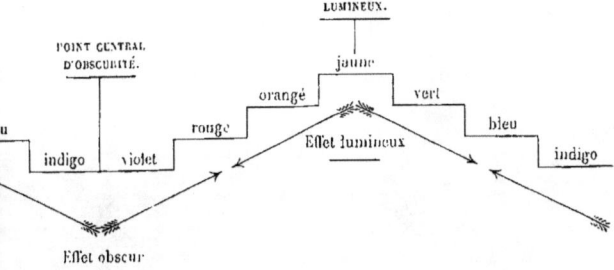

S ET DES COULEURS.

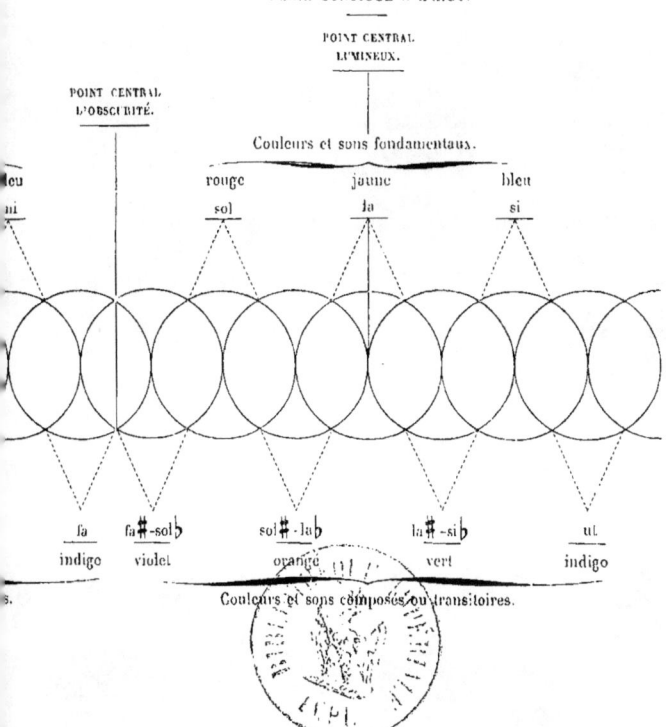

ÉTUDE V.   93

Les points culminants des trois couleurs fondamentales, le *rouge*, le *jaune* et le *bleu* semblent purs de tout mélange; c'est sur eux que la vue se fixe de préférence. Ces trois couleurs, dans la série des sons chromatiques, représentent l'*ut*, le *ré* et le *mi*, dont les vibrations sont tout à fait distinctes. Ils sont séparés l'un de l'autre par un intervalle de ton dont l'oreille apprécie la valeur avec la plus grande facilité, aussi bien que l'œil perçoit la différence, qui est nettement déterminée, entre le *rouge* et le *jaune*, et le *jaune* et le *bleu*.

Un demi-ton n'est-il pas une demi-teinte? Mêlons donc une moitié du *rouge* et une moitié du *jaune*, puis une moitié du *jaune* et une moitié du *bleu*, et nous aurons l'*orangé* et le *vert*. Par assimilation, prenons une moitié des vibrations de l'*ut* et une moitié des vibrations du *ré*, puis une moitié des vibrations du *ré* et une moitié de celles du *mi*, mélangeons-les pour former des vibrations intermédiaires, et nous obtiendrons l'*ut ♯—ré ♭* et le *ré ♯—mi ♭*. Vous voudrez bien accepter ce langage figuré, qui m'est indispensable pour poursuivre mes raisonnements.

De même que, dans la triade des couleurs fondamentales, l'effet lumineux, partant du centre du *jaune*, se distribue graduellement jusque sur le *rouge* et sur le *bleu*; de même l'effet obscur, qui déjà fait sentir son action sur ces deux couleurs, pénètre dans les teintes plus ou moins sombres qui se succèdent en deçà du *rouge* et au delà du *bleu*, et s'accroît peu à peu jusqu'aux deux points où il acquiert son intensité la plus grande, limites de la série visible où commence la formation des séries latentes contiguës.

Cela est si vrai que vous chercheriez en vain, en mélangeant, dans telle proportion que ce soit, le *rouge* et le *bleu*, à composer des nuances semblables aux couleurs désignées sous les noms d'*indigo* et de *violet;* elles seraient beaucoup trop claires. La teinte plus ou moins foncée, qui leur est dévolue dans le spectre solaire, résulte inévitablement de l'immixtion, dans leur combinaison, de cet effet obscur dont l'influence s'exerce dans un sens opposé à celle de l'effet lumineux.

Les nuances sombres qui suivent ou précèdent les deux points d'obscurité, aux extrémités du spectre, et dont l'intensité diminue par degrés pour se disperser au centre du *rouge* et du *bleu*, ne sauraient être subdivisées d'une manière précise. Si la lumière dessine les contours avec la plus grande netteté, si elle fait briller les couleurs dans toute leur vivacité, l'obscurité jette un voile sur les objets comme sur les couleurs. Avec elle, lorsqu'elle n'est pas complète, les formes apparaissent vagues et indécises, et les différences que présentent les teintes les plus opposées deviennent presque insaisissables. Mais ce que les couleurs perdent de leur brillant dans l'obscurité, elles le gagnent par leur diffusion, qui augmente relativement. Voyez le *rouge :* les rayons qu'il projette, dans la partie lumineuse du spectre, sont bientôt éclipsés par l'éclat éblouissant du *jaune*, pendant que, dans la partie obscure, ils se propagent et s'étendent au delà du point d'obscurité, jusqu'au cœur même du *bleu* de la série contiguë inférieure. Par la même raison, le rayonnement du *bleu* va s'éteindre au milieu du *rouge* de la série contiguë supérieure.

Ces observations expliquent l'embarras où se sont trouvés les physiciens pour fixer les points les plus saillants des nuances composées ou transitoires, et, bien que la plupart, aujourd'hui, se soient décidés à reconnaître l'*indigo* et le *violet* comme deux couleurs différentes, on conçoit que d'autres n'en aient admis qu'une seule, le *violet*. Les facultés visuelles ne sont pas d'ailleurs équipollentes chez tous les individus. Certain savant n'a-t-il pas été jusqu'à prétendre qu'il fallait retrancher l'*orangé*, de même que l'*indigo*, des sept couleurs du spectre solaire et les remplacer par le *blanc* et le *noir*?

Ce qui est incontestable, c'est que les deux points d'obscurité sont et doivent être invisibles, à la suite des teintes sombres qui se dissipent imperceptiblement auprès d'eux. La nuit ne se voit pas; le *noir* ne se distingue que par comparaison. Voilà comment ces points obscurs ne peuvent être le centre d'une couleur appréciable. Mais, si nous nous en éloignons d'un quart de cercle seulement, d'un côté et de l'autre, l'œil pourra alors juger par opposition et, sur ces deux points, il discernera les deux couleurs composées ou transitoires, à l'intervalle d'une demi-teinte, le *violet* juxtaposé au-dessous du *rouge*, et l'*indigo* juxtaposé au-dessus du *bleu*. Le *violet* répondra au *si*, et l'*indigo* au *fa;* le premier séparé de l'*ut*, et le second du *mi*, par un intervalle de demi-ton. Sans me préoccuper des proportions exactes d'après lesquelles s'opèrent les mélanges des couleurs *indigo* et *violet*, et laissant de côté la part contributive que l'effet obscur apporte dans leurs combinaisons, je résumerai ainsi qu'il suit les considérations qui en découlent.

L'*indigo* contient une forte partie de *bleu* contre une faible partie de rouge; le *violet* une forte partie de *rouge* contre une faible partie de *bleu*: de même, le *si* (*violet*) se forme d'une forte partie des vibrations de l'*ut* (*rouge*) et d'une faible partie des vibrations du *la* (*bleu*); le *fa* (*indigo*) se forme d'une forte partie des vibrations du *mi* (*bleu*) et d'une faible partie des vibrations du *sol* (*rouge*). C'est, du moins, comme si nous disions, en abandonnant notre langage figuré : les vibrations du *si*, dans leur formation, se rapprochent beaucoup plus de celles de l'*ut* que de celles du *la*, et les vibrations du *fa* ont beaucoup plus de rapport avec celles du *mi* qu'avec celles du *sol*.

Or, toute nuance, dans le mélange de laquelle une couleur est prédominante, a une tendance à se laisser absorber par cette couleur. De même, un son, dans la composition duquel entre une plus grande quantité des vibrations d'un des sons qui lui sont conjoints, a une tendance à se porter vers ce son, à se confondre avec lui.

Par là nous expliquons les tendances du *si* (*violet*) à se résoudre sur l'*ut* (*rouge*), tonique, et du *fa* (*indigo*) à se résoudre sur le *mi* (*bleu*), médiante, et subsidiairement l'attraction respective des deux notes formant l'intervalle de *quinte diminuée de sensible*, dont la résolution sur la *tierce majeure fondamentale* est un des principes de la tonalité moderne.

Si, dans la composition de l'*orangé* (*ré♭—ut♯*), nous mettons en plus un dix-huitième de *jaune* (*ré*), en retranchant un dix-huitième de *rouge* (*ut*), nous aurons un *orangé*, légèrement plus *jaune* que *rouge*, qui aura une tendance à se fondre dans le *jaune*. Cet *orangé* se rapporterait à l'*ut♯* qui n'a que quatre commas à franchir pour se résoudre sur le *ré*. Si, à l'inverse, nous ajoutons au mélange un dix-huitième de *rouge* (*ut*), en ôtant un dix-huitième de *jaune* (*ré*), la tendance de cet *orangé*, qui représentera le *ré♭*, distant de l'*ut* de quatre commas seulement, s'exercera sur le *rouge* (*ut*). Par des combinaisons analogues de *jaune* et de *bleu*, on arrive à la formation du *vert*, soit comme *ré♯*, soit comme *mi♭*. Il serait bizarre que ce raisonnement vînt à l'appui des calculs des mathématiciens qui, contrairement à la doctrine des musiciens, soutiennent que l'intervalle de demi-ton est majeur quand il ne contient que quatre commas, et mineur quand il en contient cinq.

Poursuivons nos points de comparaison. Si nous faisons passer rapidement devant nos yeux une image formée des sept couleurs prismatiques, aucune d'elles ne se détachera sur les autres, et nous n'apercevrons qu'une teinte blanchâtre; de même, si nous posons le doigt sur une corde en vibration donnant le *si*, et que nous le fassions glisser vivement jusqu'à ce que cette corde rende le son du *fa*, nous n'entendrons qu'un son confus et indivisible, allant du grave à l'aigu. Mais, en renouvelant ces deux expériences avec plus de lenteur, nos yeux distingueront les sept couleurs, l'une après l'autre, particulièrement les trois couleurs fondamentales, le *rouge*, le *jaune* et le *bleu*, et notre oreille percevra instinctivement les sept sons chromatiques du *si* au *fa* inclusivement, en s'arrêtant de préférence sur les trois sons fondamentaux l'*ut*, le *ré* et le *mi*. Si l'opération n'est pas aussi positive pour les sons que pour les couleurs, elle n'en repose pas moins sur le même principe qui dirige dans leurs fonctions les sens de la vue et de l'ouïe. Ce n'est donc pas sans raison que le demi-ton est regardé comme le plus petit intervalle dont nous puissions calculer la justesse avec une exactitude suffisante. Supposons que notre organe auditif soit doué de facultés plus pénétrantes : l'expérience de la corde sur laquelle je fais glisser le doigt deviendrait inutile; nous n'aurions besoin, pour en sentir l'effet, que de la simple résonnance du son, dont les oscil-

7*

lations, se multipliant dans des proportions incommensurables du grave à l'aigu, cessent d'être perceptibles peu d'instants après son émission, car c'est la subdivision infinie de ces oscillations qui le fait mourir dans l'air ambiant.

Une couleur trop éclatante, soit le *jaune* à son point médiaire, offusquera bientôt notre vue. Une couleur sombre, l'*indigo* ou le *violet* du spectre, par exemple, lui causera une espèce de fatigue. Les yeux chercheront à se soulager, et, s'il leur est permis de choisir, ils abandonneront vite ces couleurs pour se fixer sur le *rouge* ou le *bleu* qui, par leur intensité moyenne, sous l'influence combinée et de l'effet obscur et de l'effet lumineux, doivent être tenus pour des couleurs de repos.

Les mêmes observations s'appliquent à la série chromatique des sons, telle que je l'ai reproduite. La tierce tonale, *ut* et *mi* (*rouge* et *bleu*), se constitue avec les deux notes fondamentales du repos musical. La sus-tonique, le *ré* (*jaune*), qui est libre dans son allure diatonique, soit en montant, soit en descendant, nous entraîne par sa résonnance, relativement trop retentissante, à lui imprimer un de ces deux mouvements. Celle du *si* et celle du *fa* sont, par contre, vagues et incertaines; elles ont une analogie évidente avec les teintes bleuâtres et violacées auxquelles elles correspondent, et ne sauraient se prêter isolément à un repos même passager. Les exemples démonstratifs suivants n'en sont-ils pas la preuve?

ÉTUDE V.

N° 36. EXEMPLES DÉMONSTRATIFS.

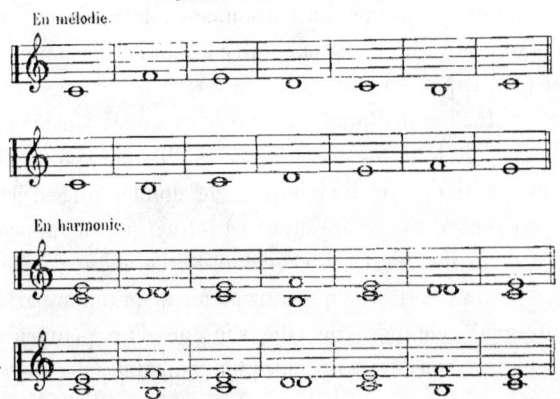

Enfin, pour tempérer la puissance résonnante du *ré* (*jaune*), *sus-tonique*, ne sommes-nous pas dans l'usage de lui adjoindre, soit le *fa* (*indigo*), soit le *si* (*violet*), dont la teinte ombrée adoucit sa trop grande vivacité ?

N° 37. EXEMPLE DÉMONSTRATIF.

Je viens d'appeler *sons* ou *couleurs de repos*, l'*ut* (*rouge*) et le *mi* (*bleu*). Dans notre musique moderne ce sont en effet les deux seules notes sur lesquelles la terminaison d'un chant peut satisfaire à l'exigence de notre ouïe. Sur l'*ut*, tonique, la conclusion est grave, brillante, solennelle; sur le *mi*, médiante, elle est suave, moelleuse et comme empreinte d'une voluptueuse langueur. Je pourrais ici m'emparer d'une comparaison que les Grecs appliquaient à d'autres cas et dire : Dans la tierce majeure fondamentale, l'*ut* représente le *mâle* ou la force virile, le *mi* représente la *femelle* ou la douceur féminine. La consonnance de la tierce majeure peut à juste titre être assimilée à l'union harmonieuse de deux principes générateurs.

En réalité, le sens tonal, pour être exprimé, n'exige pas l'adjonction de la *dominante* à la *tonique*. Il suffit, pour l'obtenir au point de vue mélodique, de donner plus d'éclat à l'*ut* (*rouge*), au *ré* (*jaune*) et au *mi* (*bleu*), par la suppression des sons ou teintes intermédiaires, l'*ut♯—ré♭* (*orangé*) et le *ré♯—mi♭* (*vert*), et nous aurons un diagramme parfaitement tonal, composé de cinq sons ou d'un pentacorde (5 cordes), savoir : les trois notes fondamentales *ut* (*rouge*), *ré* (*jaune*), *mi* (*bleu*), et les deux sons extrêmes, le *si* (*violet*) et le *fa* (*indigo*), dont les nuances indécises nous avertissent que, pour ne pas sortir de la tonalité, il nous faut revenir sur les deux sons ou couleurs de repos.

Quant au point central d'obscurité qui forme la véritable limite entre chaque série chromatique des sons et, subsidiairement, entre les séries auxquelles je me décide à donner le nom de *pentacordales*, il porterait sur le quart de ton qui séparerait le *si* (*violet*) du *si♯—la♭* (*indigo*) et le *fa* (*indigo*) du *fa♯—sol♭* (*violet*). La résonnance de ce son intermédiaire produirait, respectivement à l'une ou à l'autre des séries contiguës, une perturbation mélodique. Ce qui vient à l'appui du principe de notre tonalité moderne, qui est essentiellement harmonique et dans laquelle l'intervalle de quart de ton ne peut être introduit comme intervalle constitutif.

Le point central d'obscurité pour les sons, de même que pour les couleurs, est un obstacle en quelque sorte répulsif contre lequel buttent le *fa* (*indigo*) et le *si* (*violet*), et qui accroît notablement leur tendance attractive sur le *mi* (*bleu*) et sur l'*ut* (*rouge*). Si vous voulez le franchir, il faut donc faire un effort ou, mieux encore, sauter par-dessus, pour retomber sur un des sons de repos du pentacorde contigu, soit, par exemple, sur le *sol* (*rouge*) du pentacorde supérieur, soit sur le *la* (*bleu*) du pentacorde inférieur, mouvement qui vous fait passer à une autre tonalité pentacordale.

N° 38. EXEMPLES DÉMONSTRATIFS.

Voilà donc deux tonalités pentacordales réunies. L'une d'elles prédominera-t-elle sur l'autre? Cela ne devrait pas être, les séries se composant des mêmes couleurs.

L'assimilation réelle des sons et des couleurs, il importe de le rappeler, n'existe que dans le principe sériel qui, par son développement chromatique, détermine l'ordre dans lequel s'établit la succession conjointe des uns et des autres. Si dans la décomposition de la lumière ce principe se manifeste sous des formes qui se renouvellent indéfiniment, toujours identiques et homogènes, c'est que la lumière émane d'une source inépuisable dans son essence. Mais les sons n'étant que des effets accidentels et temporaires, le même principe qui régit leur succession ascendante ou descendante n'exerce son action que dans des conditions relatives et dépendantes de la nature des oscillations auxquelles ils doivent leur formation. Expliquons-nous plus catégoriquement. Les ondes lumineuses des couleurs prismatiques obéissent à un mouvement régulier et permanent, pendant que les ondes sonores des sept sons chromatiques augmentent de vitesse, en raison de leur acuité progressive, pour s'évanouir ensuite dans l'espace. Les rapports entre les séries chromatiques se succédant l'une à l'autre seront-ils détruits pour cela? Nullement; et c'est ici qu'intervient le phénomène acoustique que j'ai déjà signalé à votre attention, phénomène auquel nous devons les ramifications multiples de notre système harmonique. Je veux parler de la concordance qui s'établit entre les vibrations normales d'un son donné et celles d'un autre son, plus rapides, si ce son est plus aigu, et moins rapides, s'il est plus grave. Quand la forme des ondes sonores, procédant de ces deux sons émis simultanément, leur permet, aussitôt qu'elles se mettent en contact, de s'enchevêtrer, de s'enlacer mollement, dirai-je même amoureusement, elles caressent notre tympan avec tant de douceur, que nous en éprouvons une sensation agréable à laquelle nous avons donné le nom de *consonnance*. Si, au contraire, leurs ondes sonores présentent des aspérités qui, en se fusionnant, se froissent, s'entrechoquent avec rudesse, il s'en suit une *dissonance* qui blesse notre oreille et lui déplaît en proportion de sa dureté.

Le charme de la musique réside particulièrement dans les consonnances. La principale, la plus utile, dans le système harmonique, est la quinte, et c'est celle qui résulte de l'union des sons portant sur la même couleur dans deux séries voisines; sans elle toute liaison serait détruite entre ces séries, aussi bien qu'entre nos gammes octacordales.

Ainsi l'*ut* (*rouge*) d'une série consonne, à l'intervalle de quinte, avec le *sol* (*rouge*) de la série à l'aigu, et le *fa* (*rouge*) de la série au grave; et, si nous poursuivons la progression des sons qui, dans douze séries pentacordales consécutives, correspondent à la même couleur, soit au rouge dans l'espèce, ces sons, en supprimant les octaves, se traduiront par les douze notes de notre gamme chromatique. Tel est le principe de l'enchaînement naturel et consonnant, par intervalles de quintes, de nos douze tonalités, qui peuvent se succéder, par voie ascendante ou descendante, et parcourir tous les degrés du diagramme général.

L'intervalle d'octave est sans doute plus consonnant encore que l'intervalle de quinte. Les ondes sonores provoquées par les deux sons qui le constituent s'entremêlent avec plus de facilité : d'après la loi qui régit la production des vibrations, elles ont respectivement les rapports les plus intimes. Mais si ces deux sons avaient été représentés par une même couleur, l'intervalle de quinte eût cessé d'avoir ce privilége, et il n'y aurait plus eu de lien harmonique entre les séries pentacordales. On se serait trouvé dans le même embarras si l'octave eût été partagée en deux parties égales par une note consonnante. Voilà pourquoi il était indispensable que les octaves se composassent de deux couleurs différentes. L'*ut* (*rouge*) tonique d'une série a son octave placée sur l'*indigo* de la série supérieure ou sur le *jaune* de la deuxième série inférieure.

Ne perdons pas de vue qu'en accolant ensemble deux séries pentacordales nous mélangeons deux principes de tonalité, dont l'un doit forcément prédominer sur l'autre; ce qui a lieu pareillement pour les deux tétracordes de la gamme majeure. Ces tétracordes ne sont absolument que les mêmes séries pentacordales, dont la note grave a été retranchée; et si nous la rétablissions, la gamme, sans perdre son caractère harmonique, obtiendrait une régularité mélodique parfaite, puisque la fausse relation de triton qu'elle contient disparaîtrait.

Dans la gamme majeure, le tétracorde grave est seul fondamental et détermine la tonalité; le tétracorde aigu n'est purement que complémentaire. Il en est de même de deux séries pentacordales contiguës. C'est pourquoi, en jouant sur votre piano le premier des exemples démonstratifs ci-dessus (n° 38, p. 101), dans lequel les notes de la série complémentaire suivent la marche à laquelle elles sont *tonalement* assujetties, vous serez entraînée à revenir sur la série fondamentale qui a été le point de départ.

N° 39. EXEMPLE DÉMONSTRATIF.

La mélodie, dans cet exemple, est en *ut;* elle n'a fait qu'une incursion momentanée dans la tonalité pentacordale de *sol*. Celle du deuxième exemple (même n°) est en *fa*, et sa cadence sur la médiante de la série fondamentale ne laisse aucune incertitude sur son sens tonal.

Il existe donc une affinité des plus étroites entre deux séries voisines, qui permet de passer de l'une à l'autre sans offenser l'oreille la plus difficile, pourvu que l'on termine sur la série grave. Le courant mélodique le plus doux, vous le savez bien, va de l'aigu au grave. Le courant inverse, sans lequel il n'y aurait pas de musique possible, n'en peut pas moins servir à la conclusion d'un chant, mais à la condition de modifier radicalement les fonctions tonales des deux notes supérieures de la série complémentaire. Je veux dire qu'il faudra attribuer à l'*ut* (*indigo*) celles de repos, et au *si* (*bleu*) celles d'attraction ascendante, qui sont dévolues à ces deux notes dans la série fondamentale. Vous convertirez par là le premier en *rouge* et le second en *violet*. La sensibilité de la note du septième degré de notre gamme majeure ne lui appartient pas en propre, puisqu'elle forme la tierce majeure de la dominante, tonique de la série aiguë; elle n'acquiert cette sensibilité qu'à titre d'octave de la note chromatique conjointe à la tonique de la série grave. Par la même raison, la tonique aiguë n'acquiert son expression conclusive qu'à titre d'octave de la tonique fondamentale.

N° 40. EXEMPLE DÉMONSTRATIF.

La tonique et la sensible ont, en conséquence, la faculté de changer de rôle et de devenir tantôt notes résolutives et tantôt notes de repos. J'appelle *note résolutive* celle qu'une force attractive oblige à monter ou à descendre chromatiquement, ce qui veut dire par demi-ton. En d'autres termes, la tonique répondra alternativement au *rouge* et à l'*indigo*, et la sensible, au *violet* et au *bleu*, toutes les fois que nous constituerons une seule et même tonalité, par la réunion de deux séries pentacordales contiguës, ou, comme dans notre gamme majeure, de deux tétracordes doriens disjoints. Ce sera autre chose encore quand vous voudrez moduler. Alors chaque son indistinctement pourra se modifier dans

106   ÉTUDE V.

sa nature et revêtir la couleur correspondante à la nouvelle fonction que lui imposera la tonalité que vous aurez en vue d'aborder, ou l'accord que vous choisirez pour intermédiaire.

Ainsi l'*ut* (*rouge*), comme tonique du ton d'*ut*, se transformera tour à tour, à votre volonté, en dominante (*rouge*) du ton de *fa*, en sous-dominante (*indigo*) du ton de *sol*, en médiante (*bleu*) du ton de *la*♭, en sus-tonique (*jaune*) du ton de *si*♭, en sensible (*violet*) du ton de *ré*♭. Il peut encore se convertir en *vert* pour arriver au ton de *la* majeur, en *orangé* pour passer au ton de *si* majeur, etc.

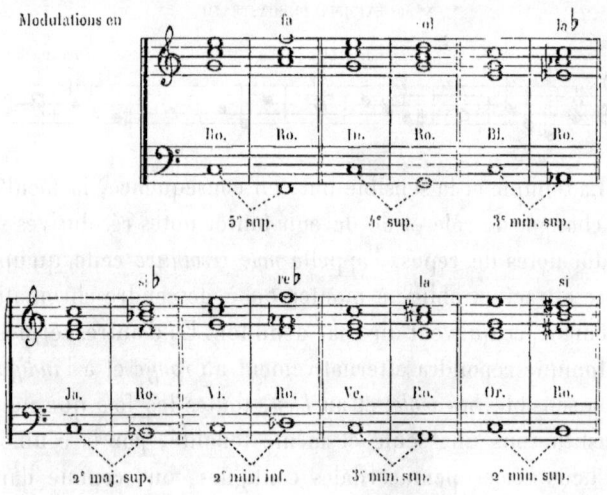

N° 41. TRANSFORMATION DE LA TONIQUE (*ROUGE*)

DANS LES COULEURS CORRESPONDANTES À LA POSITION RELATIVE QUE LUI AFFECTE LA MODULATION.

Je craindrais d'abuser de votre patience en donnant plus d'extension à cet exposé sur l'assimilation des sons et des couleurs. Il me faudrait traiter de l'irrégularité de notre mode mineur, dont la médiante, par son altération, perd l'effet conclusif qui lui appartient en mode majeur, et résoudre toutes les questions qui se rattachent aux relations des gammes et des accords : cela m'entraînerait beaucoup trop loin.

Je renonce aussi à introduire dans ce chapitre, bien que leur place y soit marquée, les observations que je vous ai faites verbalement sur la formation des harmoniques, tant consonnants que dissonants, des trois sons constitutifs de la tonalité, l'*ut*, le *sol* et le *fa*. J'ai hâte de rentrer dans le sujet principal de ces études. Qu'il me suffise de vous rappeler qu'en rassemblant ces harmoniques, nous obtenons les douze sons de la gamme chromatique, de même que par la progression des quintes successives portant sur la même couleur. (Voir la 2ᵉ note supplémentaire.)

Pour conclure, je vous le répéterai : s'il n'y a aucune assimilation matérielle entre les sons et les couleurs, l'ordre sériel, qui préside à la formation de leur échelle chromatique et diatonique, offre une analogie patente, et, sur quelque degré que vous placiez la tierce majeure fondamentale d'une gamme, soit pentacordale, soit octacordale, vous pourrez, avec la comparaison des couleurs aux sons de cette gamme, expliquer toutes les fonctions auxquelles ils sont assujettis par les lois mélodiques, pour se mouvoir régulièrement dans ce cercle défini que nous nommons *tonalité*. Loin de moi la prétention de rien changer à la théorie actuelle. L'harmonie est aujourd'hui le corps principal de l'art, et la mélodie doit se soumettre à son autorité suprême. Si celle-ci eût été la seule base élémentaire de notre système, si nous n'eussions pas eu l'instinct de la résonnance naturelle des sons et de leurs rapports harmoniques, sur lesquels est fondé l'édifice de la science moderne, nous eussions fini, à l'exemple des Grecs, par nous lancer dans des combinaisons de diagrammes fantasques et irrationnelles, telles que celles dont je vous entretiendrai dans mon étude prochaine.

ÉTUDE VI.

ÉTUDE VI.

Des irrégularités du système musical des Grecs, déduites de l'assimilation des sons aux couleurs; des notes finales et des cadences; de la théorie d'Aristoxène en opposition avec celle des Pythagoriciens; de la tolérance mélodique et de l'attraction chromatique.

L'art de combiner les sons musicalement reposerait, selon moi, sur deux principes émanant, l'un et l'autre, de la résonnance naturelle : le *principe harmonique*, ayant pour point de départ la série des intervalles qui se forment entre le son générateur et les harmoniques perceptibles à l'oreille, tant consonnants que dissonants; et le *principe mélodique*, procédant de la division chromatique de toutes les vibrations concomitantes du son générateur, qui se multiplient insensiblement et à l'infini, du grave à l'aigu.

Je crois vous avoir prouvé que les anciens n'ont eu qu'une idée très-incomplète de ces deux principes, dont les progrès de la science pouvaient seuls nous révéler l'existence. Au lieu de l'intervalle fondamental de quinte, ils ont pris pour élément constitutif son renversement, la quarte, qui n'est qu'un intervalle dérivé : erreur quant au principe harmonique. D'un autre côté, n'ayant pas connu les lois qui dirigent les attractions respectives des sons, quand ils sont chromatiquement conjoints, ils ont poussé jusqu'à l'extrême la flexibilité dont ils sont susceptibles, sans s'inquiéter des résolutions qui leur étaient applicables : erreur quant au principe mélodique. Aussi ne sont-ils parvenus à établir que des tonalités irrégulières, dont les cadences devaient infailliblement être imparfaites.

Le tétracorde diatonique que j'appelle dorien est celui qui naturellement et en premier lieu a dû venir à l'esprit des Grecs, puisqu'il se compose des quatre sons supérieurs de la série pentacordale, dont l'*ut* (*rouge*) est la principale note de repos.

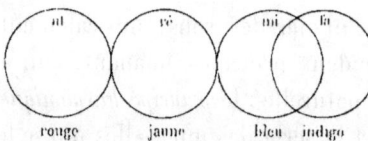

N° 42. EXEMPLE DÉMONSTRATIF.

TÉTRACORDE DORIEN, AVEC L'INDICATION DES COULEURS CORRESPONDANTES AUX SONS.

Je l'ai dit précédemment, à l'époque où la lyre n'était montée que de deux cordes stables, à l'intervalle de quarte, la cadence finale du chant qu'elle accompagnait ne pouvait s'effectuer que sur l'une de ces cordes. Dans le genre diatonique dorien, par exemple, lorsque la mélodie se terminait sur l'*ut* (*rouge*), elle était en *ut*, quant à la musique moderne; mais lorsqu'elle finissait sur le *fa* (*indigo*), elle était en *fa*, le *fa* (*indigo*) étant l'octave du *fa* (*rouge*). Par là, le même tétracorde était, tantôt le tétracorde fondamental de notre gamme d'*ut*, tantôt le tétracorde complémentaire de notre gamme de *fa*. Dans l'emploi d'un tétracorde isolé, comme dans celui d'un des tropes fondamentaux ou plagaux, on retrouvait ce mélange de tonalités dont je vous ai signalé les effets vagues et indécis qui sont particuliers aux mélodies grecques.

Le dicorde était le seul instrument dont se servaient les musiciens, quand se sont opérées les transformations du tétracorde diatonique dorien, d'abord en tétracorde diatonique phrygien, ensuite en tétracorde diatonique lydien. Les deux sons de cette lyre étant invariables et, par conséquent, notes de repos, je dois conserver, dans les exemples comparatifs suivants, les couleurs *rouge* pour l'*ut*, et *indigo* pour le *fa*, et indiquer les altérations que subirent le *mi* et le *ré*, par les couleurs *verte* et *orangée*.

N° 43. EXEMPLES DÉMONSTRATIFS.

TÉTRACORDE PHRYGIEN, AVEC L'INDICATION DES COULEURS CORRESPONDANTES AUX SONS.

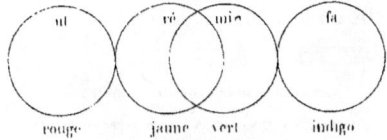

TÉTRACORDE LYDIEN, AVEC L'INDICATION DES COULEURS CORRESPONDANTES AUX SONS

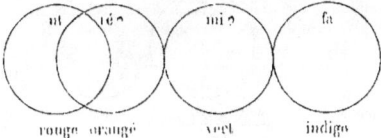

Vous m'objecterez que le tétracorde lydien se trouve représenté, dans la série pentacordale, par les couleurs, *bleu* (*mi*), *jaune* (*ré*), *rouge* (*ut*), et *violet* (*si*), et qu'on peut former le phrygien, en le mettant à cheval sur deux séries contiguës, par les couleurs *rouge* (*sol*), *indigo* (*fa*), *bleu* (*mi*) et *jaune* (*ré*) à l'aigu, ou *jaune* (*ré*), *rouge* (*ut*), *violet* (*si*) et *bleu* (*la*) au grave. Mais pour le premier, le *violet* (*si*), et pour le second, le *jaune* (*ré*), ne peuvent être des couleurs non plus que des notes de repos. N'oublions pas que les Grecs, dans les modifications qu'ils ont faites à leur tétracorde primitif, ont toujours procédé de l'aigu au grave, en maintenant l'immutabilité des deux cordes stables de la lyre. Je me conforme ainsi à la règle qu'ils ont constamment suivie, en adoptant le *rouge* pour la note grave du tétracorde, et l'*indigo* pour la note aiguë. Plus nous avancerons, plus nous rencontrerons de difficultés dans les comparaisons qui peuvent s'établir entre les couleurs et les sons tétracordaux de la musique des anciens, et je ne continue ces comparaisons que pour mieux faire ressortir les aberrations mélodiques dans lesquelles ils sont tombés.

Arriva le moment où le diagramme diatonique fut étendu à l'heptacorde composé de deux tétracordes conjoints, doriens, phrygiens ou lydiens.

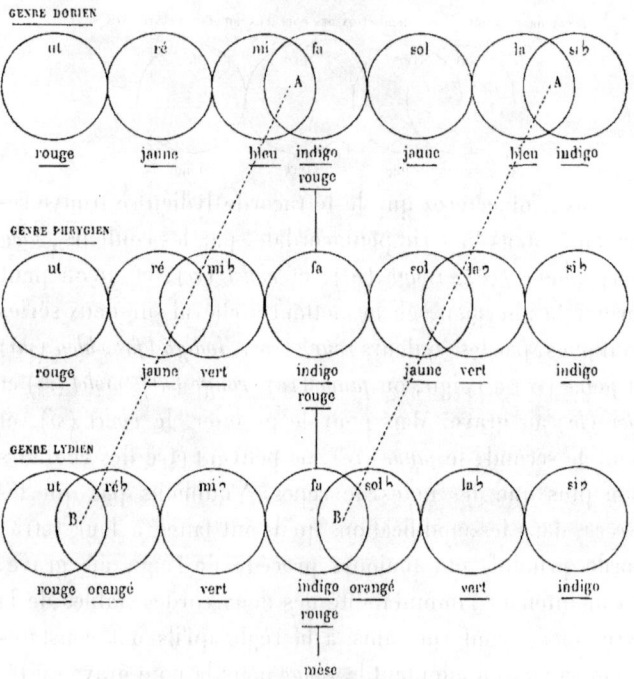

N° 44. EXEMPLES DÉMONSTRATIFS.

HEPTACORDES DIATONIQUES, AVEC L'INDICATION DES COULEURS CORRESPONDANTES AUX SONS.

A-B. Position respective des demi-tons dans les tétracordes.

Le son médiaire, par son doublement, acquiert une importance dont on pourrait assimiler l'effet mélodique à la résonnance harmonique de l'intervalle d'octave formé du *fa* (*rouge*) et du *fa* (*indigo*), intervalle dont le renversement est l'unisson. Les mêmes couleurs ne se confondent-elles pas dans ce son médiaire, la mèse, note commune de l'heptacorde? C'est pour cela que la mèse doit avoir une expression de repos plus marquée que les autres notes invariables; et si vous essayez un chant quelconque sur chacun des trois heptacordes, vous serez bientôt convaincu que le *fa* gagne, en valeur conclusive, ce que perdent, par la jonction des deux tétracordes, l'*ut* et le *si* ♭, qui, presque toujours, sont insuffisants comme notes finales. Voilà ce que les Grecs ont senti et pratiqué.

Avec les conditions que je viens de formuler, la gamme mélodique de Momigny n'est autre qu'un heptacorde dorien, ayant sa note médiaire pour point de départ et d'arrivée des mouvements ascendant et descendant.

N° 45. GAMME MÉLODIQUE, EN FA MAJEUR.

La note grave, dans les heptacordes dorien et phrygien, pouvait à la rigueur, pour des oreilles peu exigeantes, servir de note de repos; mais, dans l'heptacorde lydien, elle n'était précédée que d'un intervalle de seconde mineure. Or la sensibilité chromatique s'exerce plus puissamment d'une couleur obscure à une couleur lumineuse, que d'une couleur lumineuse à une couleur obscure. Dans la tonalité pentacordale, l'effet résolutif du *ré* ♭ (*orangé*) sur l'*ut* (*rouge*), et du *ré♯* (*vert*) sur le *mi* (*bleu*), est bien loin d'équivaloir à celui du *si* (*violet*) et du *fa* (*indigo*) sur les mêmes notes. Ce fut donc en composant dans le genre lydien que, soit par instinct, soit par un effet du hasard, soit, enfin, par un calcul mélodique dont le but était d'obtenir l'octave grave de la note extrême à l'aigu, que la *proslambanomène* a dû être inventée.

Cette note reçut la destination à laquelle elle était appelée comme note finale, préférable même quelquefois à la *mèse*.

Les exemples suivants, écrits dans les trois espèces du genre diatonique, vous donneront une idée des cadences qu'on exécutait avec elle.

N° 46. CADENCES SUR LA PROSLAMBANOMÈNE.

Genre lydien.

Genre phrygien.

Genre dorien.

Il est bien entendu que, dans le genre dorien, on avait soin d'éviter le triton qui résultait de l'addition de la proslambanomène.

Quelle couleur comparative attribuerons-nous à cette note, toujours mise à part dans la constitution tétracordale des diagrammes? Ici les irrégularités dans l'assimilation des sons aux couleurs se compliquent encore davantage. A

ÉTUDE VI.   117

l'égard des notes invariables du tétracorde aigu, *fa* (*rouge*) et *si* (*indigo*), la proslambanomène est évidemment *rouge*, et à l'égard de celles du tétracorde grave, *ut* (*rouge*) et *fa* (*indigo*), elle ne peut être qu'*indigo*. Or c'est la réunion du *rouge* et de l'*indigo*, soit comme octave, soit comme unisson, renversement de l'octave, dont le sens conclusif est le plus complet. Le *si* grave, dans les cadences ci-dessus, étant relativement *rouge* et *indigo* à la fois, et l'*ut* conservant néanmoins sa couleur *rouge* et sa qualité de note de repos, on pourrait, avec un peu de bonne volonté, trouver là une explication du temps d'arrêt qu'on ne manquait presque jamais de faire sur la note grave de l'heptacorde, avant de finir sur la proslambanomène.

L'octacorde lydien reproduit exactement notre gamme mineure par voie descendante avec sous-diatonique, à cette exception que, les notes fondamentales de repos n'étant pas les mêmes, il y a, dans celle-ci, disjonction de tétracordes, et que ces tétracordes ne sont plus du même genre. Il s'en suit que la représentation de l'un et de l'autre par les couleurs, du moins pour le tétracorde grave, doit être différente.

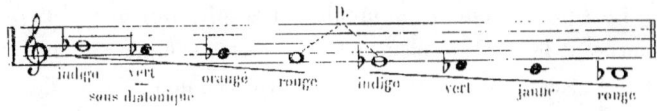

N° 47. GAMME HARMONIQUE DESCENDANTE, EN SI ♭ MINEUR.

OCTACORDE COMPARATIF.

ÉTUDE VI.

J'ai dit que notre gamme mineure était irrégulière, puisqu'elle résulte d'altérations dans la tonalité harmonique ; mais ces altérations ne portent que sur des notes variables, et les quatre sons fondamentaux, le *si*♭, tonique et son octave, le *mi*♭, sous-dominante et le *fa*, dominante, conservent pures leurs couleurs correspondantes. Pour la régulariser en partie, par voie ascendante, nous restituons à la note du septième degré la sensibilité qui lui appartient, en convertissant le *la*♭ (*vert*) en *la* naturel (*violet*), et en changeant en *rouge* la couleur du *si*♭ (*indigo*), d'après le principe posé dans l'étude précédente pour la résolution tonale de la note du septième degré (p. 105).

N° 48. GAMME HARMONIQUE ASCENDANTE, EN *SI*♭ MINEUR.

Les Grecs ne pouvaient toutefois avoir l'intuition de l'attraction ascendante de la note chromatique contiguë à la tonique au grave, attraction qui me paraît si bien démontrée par mes raisonnements sur le diagramme pentacordal. Ils en étaient empêchés par les principes mêmes d'après lesquels ils avaient établi et développé leur théorie musicale.

Lorsque le système immuable et ses divers tropes remplacèrent le système octacordal, la mèse, comme note médiaire et commune aux deux octacordes conjoints, était devenue la note capitale dans la constitution des tropes. C'était autour d'elle que se concentraient toutes les mélodies, et sur elle que, presque toujours, elles se terminaient : Aristote a prouvé qu'il était bon musicien en la qualifiant de *note souveraine*. Les exemples que je vous ai donnés ci-dessus (n° 46), dans les trois genres diatoniques, se rapportent donc aussi bien, et plus encore peut-être, à la mèse du système immuable qu'à sa proslambanomène. Mais il y avait beaucoup d'autres cadences usitées, dont l'effet conclusif était loin d'être aussi décidé. Nous en trouvons un grand nombre de cette nature dans les antiennes et les cantiques de notre plain-chant; je vous les ferai connaître quand je vous parlerai de cette tonalité.

Des trois tropes diatoniques fondamentaux, les dorien et phrygien sont ceux qui, en raison des règles sévères auxquelles la musique était soumise, se rapprochent le moins de notre tonalité. Le trope lydien est évidemment le plus régulier et le plus sympathique à la voix; et telle fut la cause qui fit adopter son genre dans l'établissement du système immuable. Le charme de ses cadences sur la mèse ou la proslambanomène suffisait en outre pour motiver la préférence presque exclusive qu'on lui accordait, au moment où parut le premier ouvrage didactique sur la musique, intitulé, *Éléments harmoniques*, dans lequel Aristoxène, au dire de Cicéron, aurait dépensé des trésors de génie.

L'auteur de la Biographie universelle des musiciens, qui m'a déjà fourni une citation, a dit : « On réfléchit peu sur les « arts aux temps où l'imagination est active. Les recherches « spéculatives commencent alors que l'invention perd de « sa fécondité. Jamais cette transformation des facultés « humaines ne fut plus sensible que chez les Grecs. Jus- « qu'au temps d'Aristoxène, les créations de formes et de « rhythmes, dans la poésie lyrique et dans la musique, se « succèdent avec une rapidité qui tient du prodige; mais à « l'époque où vient ce philosophe, il semble que tout ait « été fait pour l'imagination des poëtes et des musiciens, et

« que l'invasion de l'art étranger ait anéanti l'art original. Or
« c'est précisément à cette époque que commence l'ère de la
« théorie, de l'histoire et de la littérature de la musique. »

L'art n'avait donc pu maintenir la régularité de ses formes. Dans les choses humaines il y a toujours un flux et un reflux; après avoir monté, il faut descendre. Mais ce ne fut pas seulement le contact de la musique grecque avec les arts étrangers, dont la nouveauté pouvait avoir quelque attrait, qui en ébranla les bases fondamentales; ce fut encore la science mathématique, à laquelle on voulut l'assujettir, qui devint une des causes de sa décadence. Les idées pythagoriciennes s'étaient propagées à son détriment avec une autorité telle, qu'Aristoxène lui-même, tout en se déclarant leur adversaire, n'a pu s'en défendre complétement. Son traité n'est, au reste, à mes yeux, que l'exposé d'un système qui lui est propre; rien de plus, et j'en dirai autant de la plupart des autres ouvrages sur la même matière qui lui sont postérieurs.

Ce théoricien ne s'est pas donné la peine d'indiquer les différentes divisions qui furent primitivement adaptées au tétracorde, ni d'expliquer les transformations qu'elles avaient subies avant lui. A l'exemple d'Alypius, il n'admet qu'un seul genre, régulièrement diatonique, qu'il applique indistinctement à tous les tropes, et il ne se sert de leurs anciennes dénominations que pour désigner leur position, de l'aigu au grave, sur l'échelle chromatique du diagramme.

Cette doctrine pourrait bien avoir commencé l'ère de transition qui a amené la transformation de l'art ancien et l'avénement de l'art moderne, et elle n'a pu s'établir qu'après les beaux jours d'Athènes. N'est-elle pas en opposition directe avec celle qui avait dicté les principes constitutifs de la musique, alors que l'emploi des tropes dorien et phrygien, à l'exclusion du lydien, était recommandé autant par les sages que par les magistrats? Ces deux tropes n'étaient-ils pas les seuls dont Platon permettait l'usage dans sa République?

Adraste, cité par Proclus, a dit « qu'Aristoxène n'était « pas le moins du monde doué des facultés musicales, et « que sa préoccupation constante était de paraître innover. » On ne saurait nier qu'il ait été novateur; ses écrits en sont la preuve. Quant à l'accuser de n'avoir pas été savant musicien, c'est pousser trop loin le dénigrement.

Si les Éléments harmoniques d'Aristoxène ne sont que l'exposé spéculatif d'une théorie nouvelle, qui dénaturait en partie les éléments fondamentaux de la musique, telle qu'elle était généralement pratiquée au temps de Périclès, rendons à ce philosophe cette justice qu'il fut le chef de l'école qui repoussa avec énergie les entraves que les pythagoriciens prétendaient imposer à l'art musical. Plusieurs fois je vous ai parlé de leur système, mais superficiellement, et je pense que vous serez bien aise que je vous expose, avec plus de détails, les principes philosophiques sur lesquels il était basé. Pour cela, je ne puis mieux faire que de résumer quelques passages d'un écrit attribué à Bacchius le Vieux.

« Les sons, dit cet ancien écrivain, étant privés de raison, « ne peuvent donner des choses qu'une perception grossière et « dépourvue de toute exactitude, comme il est facile de le re- « connaître, pour peu qu'on y réfléchisse. Il faut donc substi- « tuer un jugement sûr à une sensation incertaine, et par- « venir ainsi à des évaluations numériques incontestables. »

L'auteur établit ensuite diverses comparaisons sur les fonctions de nos sens, dont je vous donnerai la substance.

Si on vous présente deux vêtements blancs, dont l'un ait

été porté un jour seulement, vous n'en pourrez faire la distinction, quoique l'un d'eux soit assurément souillé. Ou bien, si on place devant vous un monceau de dix mille pièces de monnaie et un autre en contenant dix mille dix, vous ne vous apercevrez pas de la différence qui existe de l'un à l'autre, tant elle est minime; il en sera de même de deux longueurs, dont l'une n'aura qu'une petite partie de plus que l'autre; voilà pour la vue.

Si, sur deux parfums composés des mêmes ingrédients, vous ajoutez à l'un un peu plus de myrrhe ou de safran, vous n'arriverez pas à discerner celui dont le mélange a été changé; voilà pour l'odorat.

Deux tonneaux étant remplis de vin miellé préparé d'une manière absolument identique, qu'on verse un verre de vin pur dans l'un d'eux, vous ne saurez pas décider celui où il y a excès de vin; voilà pour le goût.

Prenez deux poids, l'un de cent drachmes, l'autre de cent dix; votre main ne jugera pas de la différence qu'il y a entre eux. Enfin, dans une forte partie de liquide chaud, si vous mêlez une petite quantité de liquide froid, vous ne pourrez déterminer le degré de son refroidissement; voilà pour le toucher.

La conséquence de tout ceci est qu'il n'en saurait être autrement pour l'ouïe. Deux musiciens, chacun de leur côté, ne parviendront pas à accorder les cordes d'une lyre avec la même égalité d'intervalle; et cela est si vrai que, si une seconde lyre est accordée d'après la première, une troisième d'après la seconde, une quatrième d'après la troisième, une cinquième enfin d'après la quatrième, serait-ce par le même musicien, cette cinquième lyre ne sera pas d'accord avec la première.

En résumé, si les sens peuvent reconnaître qu'une chose comparée à une autre est plus ou moins blanche, plus ou moins grande, plus ou moins parfumée, plus ou moins douce ou amère, plus ou moins pesante ou chaude, plus ou moins aiguë ou grave, il leur est impossible de juger de combien.

Après ces comparaisons, Bacchius le Vieux cherche à démontrer la nécessité de faire intervenir les nombres pour calculer rigoureusement les différences qui échappent à l'appréciation des sens, et particulièrement du sens de l'ouïe.

Cette théorie, qui paraît rationnelle au premier aperçu, et qui, au fond, n'est que spécieuse, vous savez que je la repousse de toute la puissance de mes convictions. Notre intelligence fonctionne sans doute et doit toujours fonctionner en même temps que nos sens. « Dans toutes nos opérations, a dit « Bossuet, il y a quelque chose de l'âme et quelque chose « du corps. » Mais n'allons pas jusqu'à prétendre que l'intelligence ait besoin de s'assujettir à l'inflexibilité des calculs arithmétiques pour savoir le degré de sensation que nous éprouvons. Toute sensation est d'ailleurs plus ou moins développée, plus ou moins forte, plus ou moins faible, suivant la constitution organique que la Providence nous a départie. De combien de contrastes, sur ce point, ne sommes-nous pas témoins tous les jours? Les uns ont dans la vue plus de précision que les autres. Telle couleur plaît à celui-ci et déplaît à celui-là. Certaines femmes éprouvent une jouissance extrême à respirer les parfums les plus excitants, et ces mêmes parfums causeront un si grand malaise à d'autres qu'elles tomberont en défaillance. Celui-ci boira avec plaisir une liqueur forte, dont une parcelle fera vomir celui-là.

Sommes-nous tous également sensibles à la douleur et au plaisir physiques? Les mélodies les plus suaves, qui provoquent en vous des émotions délirantes, ne sont-elles pas souvent écoutées par d'autres avec indifférence, pour ne pas dire avec ennui, et n'y a-t-il pas des individus qui ne peuvent distinguer un son juste d'un son faux?

Chercher à analyser l'étendue de nos sensations, c'est marcher dans le vide, pour n'aboutir qu'à un résultat stérile. Un musicien, qui chante ou qui joue d'un instrument à sons tempérables, ne peut, au moment où il fait entendre une succession de sons, être sûr de se conformer scrupuleusement à la mesure de tous leurs intervalles? A quoi donc sert l'application des mathématiques à ces intervalles, au point de vue de l'art? La connaissance exacte du nombre des vibrations que fait une corde résonnante, dans un temps donné, peut intéresser le savant, mais les expériences qu'il fera pour en constater les rapports et les conséquences qu'il en tirera resteront à jamais étrangères et inutiles à la pratique de la musique.

Cela est si vrai, que Bacchius le Vieux, lui-même, après avoir dit dans son huitième et dernier théorème, à l'occasion de la division du ton, que le partage d'un ton en deux parties égales est, d'après les canonistes, une opération impossible, ajoute en terminant : « On prend la sen-« sation pour règle de jugement dans les autres cas. »

Quoique la théorie pythagoricienne soit proclamée par Bacchius le Vieux comme seule admissible, vous le voyez, il est obligé d'avouer qu'il faut quelquefois s'en rapporter aux sens.

Aristoxène ne faisait aucune distinction et, d'après lui, il appartenait à l'oreille seule d'apprécier l'étendue de tous les intervalles sans exception. Il eut pourtant recours aux calculs, mais dans un but qui n'avait aucune espèce de rapport avec celui que ses antagonistes, dans leur pédantisme ridicule, poursuivaient à outrance.

Suivant les pythagoriciens, comme je le disais tout à l'heure en citant Bacchius, la division du ton en deux parties égales était impossible. A l'aide d'un échafaudage de chiffres, ils arrivaient, après avoir établi que le demi-ton est l'excès de la quarte sur deux tons ou de la quinte sur trois tons, à démontrer que ce demi-ton était moindre que la moitié d'un ton, et ils l'appelaient *limma* ou mineur. Le demi-ton complémentaire du ton devait donc, pour eux, être plus grand, et ils le nommaient *apotome* ou majeur. Partant de là, ils se livraient à des opérations arithmétiques, dont les résultats détruisaient toute proportion régulière entre les divers intervalles. Cette théorie qui, depuis plus de deux mille ans, n'a subi aucune modification essentielle, et que les musiciens n'ont pas cessé de combattre, est encore soutenue par la plupart des physiciens modernes, et je ne puis que regretter leur persistance.

Pour Aristoxène, au contraire, le demi-ton, comme cinquième partie de l'intervalle de quarte, était juste la moitié d'un ton dont la division, dès lors, s'opérait en deux demi-tons égaux, et je puis dire que c'est à lui que l'on doit les bases premières du tempérament, qui est une des conditions fondamentales de l'harmonie moderne. Tels sont, à mon avis, les véritables titres d'Aristoxène à la reconnaissance du monde musical.

Nous allons enfin examiner comment ce grand musicien fut obligé de se servir de proportions numériques. Son système tétracordal, comme je l'ai mentionné à la fin de ma

IIᵉ étude, a pour principe l'extension progressive du premier intervalle du tétracorde, celui qui se forme avec la note invariable aiguë, depuis le *ton* jusqu'au *diton*. Le premier des tableaux suivants (n° 49) représente mathématiquement les diverses variétés de tétracordes qui résultent de l'application de ce principe, les seules admises par Aristoxène; le second (n° 50) indique les couleurs ou nuances qui se rapportent aux quatre sons de chaque tétracorde, ainsi que leur notation dans notre écriture musicale, à laquelle j'ai dû joindre de nouveaux signes, dont l'explication est à la suite.

ÉTUDE VI.

N° 49.

TABLEAU

RÉSUMANT

LE SYSTÈME TÉTRACORDAL D'ARISTOXÈNE,

AVEC L'INDICATION PROPORTIONNELLE DES INTERVALLES.

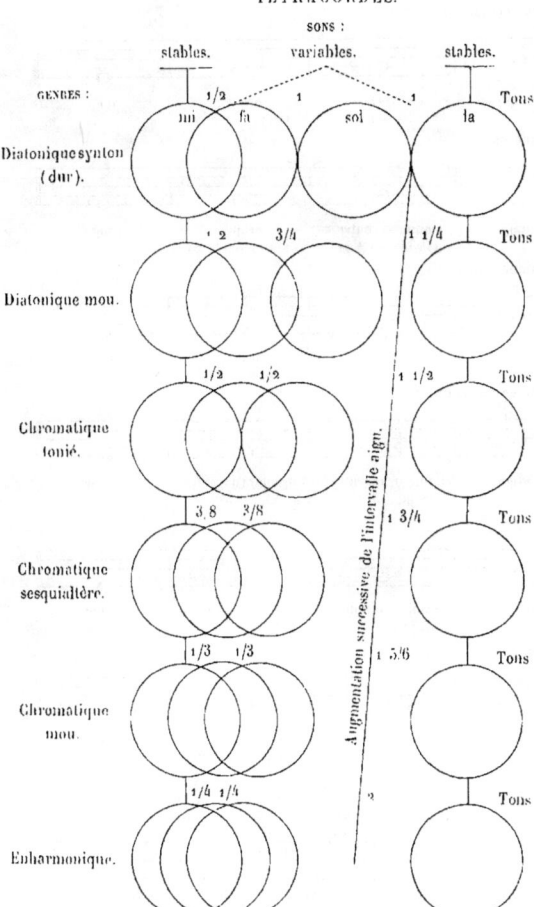

128   ÉTUDE VI.

N° 50.

TRADUCTION,
DANS LA NOTATION MODERNE,
DU SYSTÈME TÉTRACORDAL D'ARISTOXÈNE,
AVEC L'INDICATION DES COULEURS CORRESPONDANTES AUX SONS.

EXPLICATION DES NOUVEAUX SIGNES EMPLOYÉS DANS CET EXEMPLE
POUR EXPRIMER LES DIVISIONS FRACTIONNAIRES DU TON.

Le premier de ces tableaux offre des corrélations mathématiques qui ont lieu de surprendre de la part d'un philosophe dont la haute réputation est fondée sur l'opposition systématique qu'il a faite à l'introduction des calculs dans la science musicale. Il y a là une cause qui n'apparaît pas à première vue.

A l'époque où vivait l'auteur des Éléments harmoniques, les genres, ou, disons mieux, leurs variétés, s'étaient multipliés au point que les musiciens ne pouvaient plus s'y reconnaître; et J. J. Rousseau, dans son Dictionnaire de musique, était bien autorisé à dire : « Ce serait perdre son temps et « celui du lecteur que de le promener à travers tant de divi- « sions » tétracordales. Aristoxène, frappé de la confusion qu'apportait, dans la pratique de l'art, une si grande quantité de genres ou de variétés, a pensé devoir en réduire le nombre en les coordonnant, et, procédant par élimination, il a fait un choix de ceux qui se prêtaient au développement de sa doctrine fondée sur le déplacement graduel des notes variables. Pour exposer son système avec clarté, il était forcé d'employer des chiffres plus ou moins fractionnés, mais demandait-il qu'on s'y soumît absolument? Tel est le point sur lequel je raisonnerai dans un instant.

Le seul tétracorde diatonique régulier accepté par Aristoxène, est formé de deux tons successifs, en partant de l'aigu, et d'un demi-ton au grave. C'est celui que j'ai nommé *lydien*, et il l'appelle *synton* (*dur*). Or le mot *synton* n'est qu'une addition caractéristique devenue nécessaire par suite de l'invention du tétracorde *diatonique mou*, afin de ne pas confondre l'un avec l'autre. Tout fait présumer que, quand il s'est agi de qualifier le trope qui se constituait d'après le genre *synton*, en fixant à la fois le degré sur lequel il devait se poser, on a réuni les expressions *syntono* et *lydien* pour le distinguer du trope *lydien diatonique mou*. Ce serait là une explication de la dénomination du trope *syntonolydien* sur lequel, dans ma IV⁰ étude, je vous ai promis de revenir, et c'était uniquement pour vous donner une nouvelle justification de la division que j'ai adoptée pour le tétracorde lydien.

Le tétracorde *diatonique mou*, seule variété du genre, suivant notre philosophe, se compose d'un intervalle d'un ton 1/4 à l'aigu, d'un intervalle de 3/4 de ton au milieu et d'un 1/2 ton au grave.

Quant aux divisions des genres chromatique et enharmonique, elles ont lieu d'après une règle qui semblerait n'avoir été formulée qu'au moment où le chromatique lydien était seul pratiqué. Elle consistait à séparer en deux parties égales l'intervalle existant entre la note invariable au grave du tétracorde et la note variable à l'aigu, qui, dans son déplacement, pouvait parcourir l'étendue d'un ton. Comme cette dernière note servait à déterminer l'intervalle qui restait à partager, on l'avait appelée *lichanos* (*indicatrice*).

En examinant avec soin le tableau (n° 49) qui renferme toutes les combinaisons d'Aristoxène, telles que j'ai pensé devoir les reproduire pour en faire mieux ressortir les détails, n'éprouvez-vous pas une espèce de satisfaction à voir ces figures circulaires changer symétriquement de position, ces nombres se fractionner avec tant de régularité, cet ordre proportionnel enfin qui régit la formation décroissante des deux intervalles variables au grave par le mouvement rétrograde de l'indicatrice? L'ensemble du tableau ne paraît vraiment rien laisser à désirer, du moins pour les yeux. Malheureusement il faut, dans la question, faire intervenir le sens de l'ouïe, qui fonctionne sous la tutelle de l'intelligence autant que la vue, dit Aristote, mais pour lequel les chiffres ont bien moins de valeur.

Passons au second tableau (n° 50), et supposons que les couleurs, correspondantes à chaque son, dont j'ai indiqué les mélanges, y soient représentées matériellement. L'œil serait impuissant pour en discerner toutes les nuances composées, aussi bien que l'oreille serait incapable de percevoir la différence des sons qui s'y rapportent. Ne parlons pas des nouveaux signes de notation que j'ai appliqués à ces sons transitoires; je ne les ai inventés que pour vous mettre à même de bien comprendre les complications qu'ils apporteraient dans notre écriture musicale, si nous avions la fantaisie de noter des tiers, des trois-huitièmes et des quarts de ton.

Les difficultés matérielles que je vous signale n'ont pas dû échapper à la perspicacité de celui qui soutenait, avec une conviction profonde, que l'oreille est le seul juge des intervalles, et qui savait bien qu'elle ne peut obéir qu'imparfaitement à l'impulsion qui lui est donnée par l'intelligence. En déterminant, au moyen de chiffres, la valeur relative des intervalles variables, il n'a eu d'autre intention que d'indiquer les divers degrés d'inflexion que la voix a la faculté de parcourir, dans l'émission des sons mobiles, depuis l'intervalle d'un ton jusqu'à celui d'un quart de ton, mais il n'en exigeait indubitablement que l'intonation approximative. Il avait compris que, si les sons stables devaient conserver la justesse immuable de leur intervalle, les sons variables étaient doués d'une élasticité extrême, dont le musicien compositeur marquait le plus ou moins d'étendue, par des signes auxquels le musicien exécutant se conformait avec autant d'exactitude que son habileté le lui permettait. C'était là la limite du possible. Les chanteurs les moins exercés n'employaient donc, probablement, que les demi-tons du genre *chromatique tonié;* il n'était réservé qu'aux artistes d'un ordre supérieur d'aborder les 3/4 et 5/4 de ton du *diatonique mou*, les 3/8 et 7/4 de ton du *chromatique sesquialtère*, les 1/3 et 11/6 de ton du *chromatique mou*, et les 1/4 de ton du genre *enharmonique*. Ceux qui existaient au temps d'Aristoxène devaient, sans doute, par leur talent hors ligne, exciter l'admiration générale; mais ils subirent la loi commune, ils disparurent au milieu des bouleversements sociaux, et avec eux s'éteignit le plus important des genres, comme le dit lui-même ce philosophe; le plus beau, suivant Plutarque, à cause de son caractère majestueux; celui qui a cessé d'être pratiqué, en raison des grandes difficultés qu'il présentait, suivant Macrobe; celui dont la perte est irréparable, suivant Asclépiodote; le genre enharmonique enfin, dont mon excellent et regrettable ami, Louis Lucas, enlevé si jeune encore aux sciences et aux lettres, avait compris l'utile application. N'a-t-il pas dit : « L'enhar-« monie des anciens n'est pas, ainsi qu'on a voulu le faire « croire, ni une fantaisie de musiciens enfants, ni le résultat « de l'ignorance des tonalités, c'est le dernier mot des attrac-« tions mélodiques. »

Et qu'est-ce que *l'attraction mélodique*, si ce n'est l'effet de la *tolérance* dont sont susceptibles tous les sons mobiles, tolérance que j'ai dotée également du nom de *mélodique*, et que je considère comme le principe de l'expression musicale?

Cessons donc de condamner les Grecs pour avoir admis dans leur musique des intervalles de tiers et de quarts de ton. Rendons plutôt justice à la délicatesse de leur sensibilité, qui leur a fait découvrir cette flexibilité dans les sons variables, dont les nuances mélodiques donnent au chant tant de souplesse et de suavité, quand elle est appliquée avec art, et reconnaissons qu'ils ont trouvé les moyens les plus expressifs de produire des sensations douces et des émotions vives. Je l'avoue, ils ont été trop loin en voulant calculer mathématiquement les divers degrés d'inflexion qu'on peut donner au son. Mais, en nous reportant à leur siècle, rappelons-nous qu'aucun peuple n'a mis autant de précision dans les idées philosophiques et dans les conceptions scientifiques, et ne soyons plus surpris que le même esprit méthodique les ait dirigés dans leurs inspirations artistiques.

Qui sait si, sans nous astreindre aux proportions arithmétiques fixées par Aristoxène pour l'emploi de la tolérance mélodique, l'inflexion d'un son, même dans notre musique harmonique, ne pourrait pas, comme dans la musique mélodique ancienne, parcourir l'intervalle d'un quart de ton (2 1/4 commas)?

L'exemple démonstratif ci-contre (n° 51), dont je ne saurais trop vous recommander l'examen, représente deux sons diatoniques conjoints, l'*ut* et le *ré*, que je divise, d'après notre coutume, en neuf commas. Ces deux notes se fusionnent réciproquement pour former l'*ut*♯ ou le *ré*♭, dont l'inflexion, nulle en A, commence à se faire sentir en B et peut s'étendre jusqu'à C. J'appelle demi-ton *médiaire* (4 1/2 commas), celui du tempérament; demi-ton *commatique majeur* (5 commas), celui que nous notons d'ordinaire par un dièse ou un bémol; et demi-ton *commatique mineur* (4 commas), l'intervalle qui reste à franchir au demi-ton commatique majeur pour opérer sa résolution sur la note diatonique.

ÉTUDE VI.

N° 51.

TABLEAU
POUR SERVIR
A L'ÉTUDE DE LA TOLÉRANCE MÉLODIQUE
DU DEMI-TON MÉDIAIRE,
ET DE L'ATTRACTION CHROMATIQUE
DU DEMI-TON COMMATIQUE.

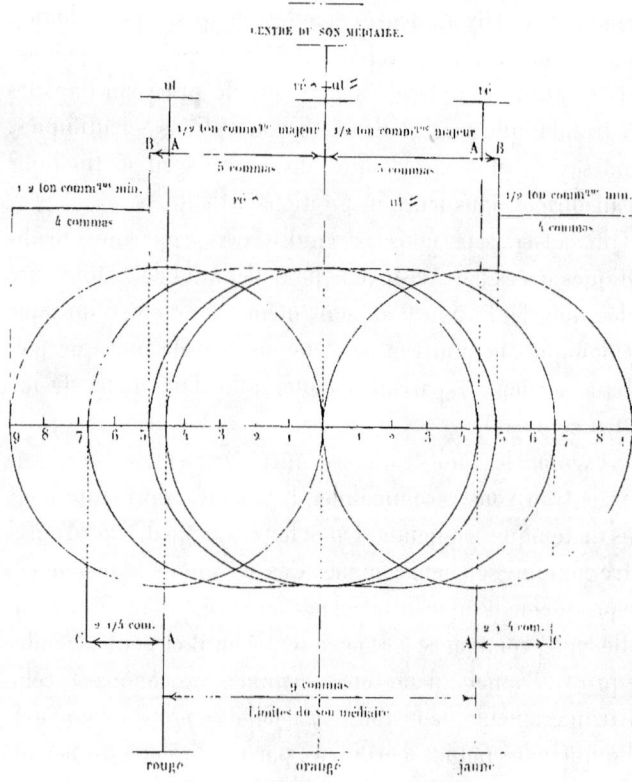

A. Points où l'attraction chromatique est nulle.
B. Points où elle commence à être perceptible.
AC. Étendue possible de la tolérance mélodique.

Les déductions qu'il convient de tirer de l'étude de ce tableau sont les suivantes.

La tolérance mélodique commence à l'emploi du demi-comma attribué à notre dièse et à notre bémol, et s'étend jusqu'au quart de ton enharmonique, qu'elle ne doit jamais franchir.

Le son mixte que produit son application varie suivant les proportions dans lesquelles se confondent graduellement les vibrations d'un son donné avec celles du son qui lui est chromatiquement conjoint, jusqu'à leur mélange par parties égales.

Il en est de même des couleurs *rouge* et *orangée* d'une part, ou *jaune* et *orangée* de l'autre, qui correspondent, dans l'exemple, aux sons *ut* et *ré♭*, *ré* et *ut♯*, et qui se combinent dans les mêmes proportions pour arriver progressivement à une couleur intermédiaire, composée d'une moitié de *rouge* et d'une moitié d'*orangé* ou d'une moitié d'*orangé* et d'une moitié de *jaune*; en d'autres termes, de trois quarts de *rouge* et d'un quart de *jaune*, ou de trois quarts de *jaune* et d'un quart de *rouge*, puisque l'*orangé* se forme d'une quantité égale de *rouge* et de *jaune*.

Je me suis souvent demandé si un de nos chanteurs actuels, lorsqu'il entonne chromatiquement une note diésée, bémolisée ou bécarrisée, s'imagine déterminer exactement la différence qui existe entre les 4 1/2 commas du demi-ton médiaire et les 5 ou 4 commas des demi-tons commatiques majeur ou mineur. Il n'y songe en aucune façon et ne cherche même pas à s'en rendre compte. Il se contente d'élever ou d'abaisser faiblement le son qu'il émet, et il ne sait et ne peut savoir dans quelle proportion. Lorsque la tolérance mélodique se réduit à un 1/2 comma, elle est d'ailleurs si peu appréciable, que l'attraction chromatique de la sensible sur la tonique, dans l'accord parfait de la dominante, n'empêche pas cet accord d'être juste à notre oreille.

Mais si l'accord est dissonant, la tolérance mélodique de la note dissonante peut être étendue au delà d'un demi-comma : à plus forte raison est-on libre d'augmenter l'inflexion du son dans une note de passage également dissonante avec l'accord d'accompagnement, lorsqu'on opère sa résolution immédiate. Rien n'empêcherait alors de pousser la tolérance même jusqu'à 2 1/4 commas.

N'avons-nous pas été témoins des effets prodigieux obtenus dans la pratique de la tolérance mélodique poussée à sa limite extrême? Les artistes qui sont de mon âge ont entendu les mélodies émouvantes que Paganini faisait jaillir de son magique instrument, en les semant habilement de tiers et de quarts de ton, sans qu'elles fussent en désaccord avec les harmonies régulières dont elles étaient accompagnées. L'ineffable expression de ses chants n'avait d'autre cause qu'un heureux et savant emploi de la flexibilité des sons. Le génie, il est vrai, dirigé par une rare sensibilité, a seul le droit d'user de ces écarts harmoniques et de les transformer en beautés musicales, et il fallait être un Paganini pour oser, le premier, s'y abandonner dans notre siècle. Hélas! ce grand artiste n'est plus, et, de même que le genre enharmonique des Grecs, la tolérance mélodique est presque tombée dans l'oubli. Du moins on semble vouloir la restreindre, en principe, à un demi-comma, et craindre de l'étendre au delà.

Ayez donc plus de hardiesse, dirais-je aux jeunes musiciens du jour, votre exécution est arrivée au dernier point de perfection, et votre talent peut vaincre toutes les difficultés. Permettez à un de vos vieux admirateurs d'appeler votre attention sur ces tiers et ces quarts de ton dont l'emploi judicieux se traduit par l'art d'émouvoir au plus haut degré. N'hésitez pas à en essayer la pratique, et vous aurez la gloire d'avoir introduit dans notre musique moderne les effets merveilleux de la musique ancienne. Ne vous imaginez pas que la route que je vous trace soit solitaire et déserte : les nations orientales n'ont jamais cessé de la parcourir, parce qu'elle nous est indiquée par la nature, je veux dire par le besoin d'épancher notre âme, quand elle se laisse entraîner à ses instincts, à ses passions, quand elle se livre à ses joies ou à ses douleurs. Vous trouverez aussi sur votre chemin les peuples slaves vivant au milieu des steppes arides, les habitants des montagnes abruptes, les Norvégiens et les Écossais surtout, ceux enfin dont les mélodies primitives n'ont pas encore été altérées par les principes civilisateurs de l'harmonie. Dans leurs chants simples et naïfs, ils usent, sans s'en douter, de la tolérance mélodique, et ils en élargissent le cercle, suivant les émotions dont ils cherchent à se soulager ou les sentiments dont ils veulent pénétrer ceux qui les écoutent. Sans aller dans des contrées aussi lointaines, que ne vous est-il donné de rencontrer une jeune fille parcourant une des vertes vallées de la Bretagne? Inquiète et rêveuse, elle chante, et sa voix pure et sonore, son accent bizarre et agreste, son rhythme parfois peu mesuré, vous impressionneraient profondément. Elle chante, dis-je, et l'air qu'elle rappelle aux échos est celui-là même que chantait sa mère, que chantaient aussi ses ancêtres, avec les mêmes intonations, les mêmes broderies et les mêmes modulations enharmoniques. Elle décomposera le son à l'infini, et cependant elle ignore que les attractions chromatiques sont le nerf et la vie de la mélodie.

Oui, jeunes maîtres, vous éprouveriez un charme inexprimable en écoutant les cantilènes de la vieille Armorique. Revenus dans vos foyers, vous vous empresseriez, j'en suis sûr, de réaliser vos souvenirs avec votre voix ou votre archet, et, si vous les reproduisiez sur la scène artistique, nous applaudirions à vos inspirations, qui, par l'emploi ingénieux de la tolérance mélodique, provoqueraient en nous des ravissements d'un nouveau genre. Gardez-vous bien, toutefois, d'ébranler notre système harmonique par des inflexions de son mal appliquées ou, dans certains cas, exagérées. Ne les prodiguez jamais; vous vous exposeriez à détruire leur prestige. Apportez donc dans leur usage le discernement le plus délicat, et évitez-les avec soin, là où l'harmonie des accords pourrait en être troublée. (Voir 3ᵉ note supplémentaire.)

ÉTUDE VII.

ÉTUDE VII.

De l'organe de la voix; de l'origine de la poésie et du chant; du rhythme et du mètre; des effets physiques et moraux du rhythme et de la mélodie; de l'enseignement musical; de la notation; des métaboles; de la mélopée; de la musique au théâtre; des instruments et de la musique instrumentale; des nomes en général; des divers caractères des genres et des tropes.

Si l'histoire de la création du monde ne nous avait pas été révélée par les Saintes Écritures, nous serions disposés à croire que toutes les faces du globe ont été peuplées simultanément. En effet, il était aussi facile à l'Éternel d'ordonner que des millions d'êtres humains couvrissent immédiatement tous les points du globe, que de réserver une œuvre aussi laborieuse à la fécondité d'un seul couple et de ses générations successives. Cette hypothèse trouverait une sorte de justification dans l'innombrable diversité des langues, mais elle offenserait nos croyances religieuses, et je ne me permettrais pas de la discuter. Néanmoins, comme elle facilite l'intelligence des considérations auxquelles je vais me livrer, vous me pardonnerez de l'admettre, ne serait-ce qu'un instant et à titre de simple supposition.

L'homme est le chef-d'œuvre du Créateur, qui, en l'animant de son souffle divin, lui a abandonné le pouvoir de penser et d'agir selon son libre arbitre. Pour établir un lien entre l'âme et le corps et mettre en rapport leur action respective, il nous a fait don de cinq sens, dont la destination est de nous attacher à l'existence, soit par les jouissances qu'ils nous procurent, soit par l'instinct qu'ils éveillent en nous de ce qui peut être nécessaire ou nuisible à notre conservation.

Ce n'est pas tout encore; appelés à vivre les uns avec les autres, par la volonté de Dieu, il nous fallait un moyen de communiquer entre nous nos idées et nos sensations. Telle est la mission de l'organe de la voix, un des plus beaux attributs que nous devions à la bonté suprême et la preuve la plus évidente de la sociabilité humaine.

Quel a dû être le premier son proféré par l'homme? Fut-ce un cri d'admiration, d'amour, de douleur ou de plaisir? Nous ne saurions le dire. Ce qui est hors de doute, c'est qu'en nous dotant de l'organe vocal, l'Éternel ne nous a pas indiqué comment nous devions le faire fonctionner. Il nous a donné l'instrument et nous a laissé le soin de nous en servir d'après nos propres inspirations. Or les premiers sons émis par une bouche humaine ont-ils pu être les mêmes sous les différentes latitudes qui divisent les deux hémisphères? Est-il vraisemblable, par exemple, qu'au milieu des déserts sablonneux ou des terres brûlantes situées sous la ligne équinoxiale, dans les régions du Nord nues et glacées et au sein des contrées verdoyantes et tempérées des zones intermédiaires, la voix ait procédé spontanément par les mêmes intonations? Non certes! Non! Ces intonations ont dû être subordonnées aux influences climatériques, comme tout ce qui a trait au développement des facultés intellectuelles et sensuelles.

Tout langage, dans son principe, n'a dû consister qu'en des sons inarticulés qui, bientôt, ne suffirent plus pour répondre à toutes les nécessités de la vie et à nos rapports sociaux. Par une simple contraction des muscles de la bouche, dont l'instinct était en nous, les syllabes furent inventées; puis, des syllabes réunies se convertirent en mots, et de ces mots on arriva à composer des phrases. Telle est l'origine de tous les dialectes, les uns plus ou moins durs, les autres plus ou moins doux, suivant le point du globe où ils ont pris naissance.

Chose bien digne d'attention, le pays où se constitua l'idiome le plus harmonieux fut celui où le ciel était le plus pur, où la terre était la plus luxuriante, où les chaleurs étaient adoucies par les brises de la mer, où le froid n'exerçait jamais ses rigueurs, où la structure humaine était la plus régulière dans ses proportions, où l'existence, enfin, était environnée de plus de charmes et d'agréments. Et, par les mêmes causes, ce fut aussi ce pays où l'intelligence prit son essor le plus brillant, où les principes de la religion et de la morale se posèrent avec le plus d'autorité, où la connaissance du beau se révéla dans toute sa puissance, où les arts et les sciences se cultivèrent et se perfectionnèrent avec une ardeur sans égale, où la civilisation, en définitive, fit les progrès les plus rapides et les plus surprenants. Dans ce peu de mots j'ai résumé l'histoire philosophique de la Grèce.

Un peuple, comblé des dons les plus précieux de la nature, ne pouvait tarder à se livrer aux plus belles aspirations. L'homme avait dû être frappé d'étonnement et d'admiration en contemplant les phénomènes célestes, et reconnaître, en réfléchissant sur les ressorts mystérieux qui leur impriment une régularité perpétuelle, qu'il y avait, au-dessus de lui, au-dessus de toute chose, un être omnipotent, éternel, incompréhensible, que l'immensité des cieux cachait à sa vue. Rendre hommage à cet être suprême, le remercier des biens qu'il avait reçus en partage, l'honorer avec la plus profonde humilité, était son premier devoir, comme ce fut son premier besoin. Mais, pour célébrer dignement la toute-puissance du Créateur, il dut, autant qu'il lui était permis, chercher à diviniser son langage, en le revêtant des formes les plus majestueuses et des accents les plus harmonieux. De ces formes nouvelles introduites dans le langage et de ces accents plus expressifs et plus sonores, naquirent la *poésie* et la *musique*, ces deux arts qui développèrent leur germe au sein du culte religieux, et dont l'heureuse alliance est devenue la source des plus sublimes émotions que l'âme puisse éprouver.

Les Grecs ne se contentèrent pas de l'idée d'un seul Dieu : ils subdivisèrent son essence en une multitude de dieux et de déesses subalternes : chez eux l'imagination l'emportait sur la raison. Mais cette déification multiple favorisa merveilleusement l'essor que prirent à la fois la poésie et la musique, toujours prêtes à accepter les conceptions les plus ardentes et les plus exaltées. A présent même, quand nous nous laissons entraîner par le délire poétique, n'avons-nous pas recours à Apollon, aux muses, aux nymphes, à toutes les fictions du paganisme grec?

La poésie et la musique, qui, à leur naissance, étaient réservées à la louange des dieux, ne tardèrent pas à être employées à glorifier les guerriers qui combattaient pour la patrie, à célébrer les grandes actions, les traits d'héroïsme, puis à chanter les douceurs de la vie champêtre, les préceptes de la morale, à exprimer enfin les sentiments, les affections, les douleurs, les plaisirs, les passions mêmes, en un mot tous les élans du cœur. Elles étaient inséparables alors. Le poëte était toujours musicien et le musicien poëte. Aussi commençait-on les épopées, les odes, en disant, Je chante la gloire, je chante les combats; et aujourd'hui encore, dans l'exorde de nos poëmes, nous nous servons des mêmes formules, quoique nous ayons eu la barbarie d'en bannir la musique, comme nuisant plutôt qu'ajoutant aux charmes de sa sœur bien-aimée. Platon compare la poésie dépouillée du chant à un visage dont la beauté s'est étiolée en perdant la fleur de la jeunesse.

Il y avait cependant un lien des plus étroits entre la poésie et la musique; ce lien était le *rhythme*.

Le rhythme se conçoit mieux qu'il ne s'explique. De même que pour tout ce qui tient aux sens, il est difficile d'en donner une définition. L'Antiquité nous en a transmis plusieurs: aucune n'ayant prévalu sur les autres, je m'emparerai de celle qu'un de mes savants amis, M. d'Ortigues, a adoptée récemment dans son Dictionnaire du Plain-Chant, et dont la concision semble augmenter la clarté:

« Le rhythme est la forme dans le mouvement. »

Tout est rhythme dans la nature : le retour périodique des astres, le renouvellement des saisons, la succession des jours et des nuits, le flux et le reflux de la mer, etc. Le rhythme est une des bases des lois éternelles du monde, comme il est une condition de l'existence. L'homme, même à l'état de folie ou d'idiotisme, le sent et le recherche. Les animaux en subissent la loi; ainsi le cheval, quand il trotte ou galope; le poisson, quand il nage; l'oiseau, quand il vole ou qu'il chante. Tous les êtres animés, enfin, sont, par eux-mêmes, doués d'un rhythme vital qui procède de la circulation du sang, dont la respiration est le moteur permanent. Lorsque ce rhythme vient à être troublé, nos fonctions naturelles cessant d'obéir à un cours régulier, un malaise général en est la conséquence; si, au contraire, il suit la marche normale à laquelle il est soumis dans l'ordre de la nature, nous en éprouvons un bien-être réel, dont nous n'avons pas toujours la conscience, mais qui n'en est pas moins une des douceurs de la vie.

Le sentiment du rhythme étant inné en nous, nous l'appliquons instinctivement aussi bien aux mouvements de notre voix, au langage et au chant, qu'aux mouvements de notre corps, à la marche et à la danse. De là, quand une succession de mouvements confus ou désordonnés vient à frapper nos yeux ou notre oreille, nous en sommes désagréablement affectés. Écoutez un orateur! Ses périodes sont-elles arrondies, judicieusement proportionnées et semées de repos? Vous l'entendrez avec plaisir, parce que son discours sera habilement rhythmé. Ses phrases sont-elles saccadées, écourtées, précipitées ou prolongées à l'excès? Il en éprouvera lui-même une espèce de fatigue, dont la communication sympathique produira en vous une sensation des plus pénibles.

Les Grecs attribuaient une plus grande importance au rhythme qu'à la mélodie. Pour rendre l'idée distinctive qu'ils attachaient à l'un et à l'autre, ils se servaient d'une comparaison que j'ai déjà employée. « Le rhythme, disaient-ils, est le mâle, et la mélodie, la femelle. » La mélodie n'a-t-elle pas pour mission d'adoucir la rudesse du rhythme?

Vous avez une preuve de la puissance du rhythme dans les instruments à percussion dont les sons homogènes, incessamment répétés, seraient d'une monotonie intolérable, si leur succession n'était pas variée par des mouvements lents ou rapides, circonscrits par la mesure et entrecoupés de cadences. Quoi de plus excitant que les sonneries du tambour, lorsqu'elles animent nos soldats à la marche, au combat, à l'assaut! Revêtez ces mêmes sonneries d'accents mélodiques, non-seulement elles perdront leur âpreté, mais elles se transformeront même en chants expressifs.

Le rhythme agit directement sur notre système nerveux. Je citerai, à ce sujet, deux expériences dues à de célèbres médecins. La première consiste à placer les doigts sur l'artère radiale, puis à chanter un air dont la mesure corresponde exactement aux pulsations artérielles. Après quelque temps, si l'on augmente ou diminue la vitesse de la cadence, on ne tarde pas à constater que le pouls accélère son mouvement ou se ralentit proportionnellement. La seconde porte sur l'émission du sang. Lorsque, dans une saignée, on ouvre la veine pendant qu'on fait battre un roulement sur le tambour, le sang coule avec plus de force et de facilité.

L'influence du rhythme est donc matérielle; celle de la mélodie ou de l'harmonie qui reçoivent son impulsion est relativement spirituelle. Leur action combinée s'exerce simultanément sur tout l'organisme humain, sur le corps et sur l'âme. Aussi je n'hésite pas à donner crédit aux récits des anciens, quand ils parlent de ces effets extraordinaires que la musique opérait de leur temps et des résultats curatifs qu'ils en obtenaient. Depuis lors, on en a bien fait diverses applications, mais ces applications n'ont pas encore été l'objet d'études sérieusement approfondies, et je m'en étonne. En dehors des médicaments qu'on nous fait prendre dans les maladies dont nous sommes atteints, ne soumet-on pas, dans certains cas, nos membres à des frictions? Ne nous fait-on pas respirer des esprits volatils? Ne va-t-on pas même, en nous ordonnant de voyager, jusqu'à admettre comme un remède salutaire le spectacle varié de la belle nature? Le goût, le toucher, l'odorat, la vue sont donc autant de canaux par lesquels la médecine introduit en nous ses moyens d'action pour nous rendre à la santé ou, au moins, pour adoucir nos souffrances; et l'ouïe, seul de nos cinq sens, ne serait pas également un conduit pour faire pénétrer dans nos organes un baume efficace! Cette exception ne saurait se justifier en présence de faits nombreux qui prouvent, d'une manière irrécusable, que, dans les affections nerveuses, fiévreuses ou mentales qui procèdent d'un désordre dans le rhythme vital, l'emploi de la musique produit, non-seulement un soulagement réel, mais souvent une guérison complète. Espérons qu'à l'exemple de son antique doyen, Esculape, la docte Faculté se décidera, à la fin, à placer cet art divin au nombre de ses prescriptions médicales!

L'idiome des Grecs se prêtait, plus que tout autre, à la formation du rhythme; chaque syllabe en est longue ou brève. Une syllabe longue a une durée égale à deux brèves, et, dès lors, une brève est la moitié d'une longue. De ces syllabes longues et brèves ils ont constitué une multitude de divisions vocales appelées *pieds* ou *mètres*, les unes de deux syllabes, les autres de trois, de quatre, etc. tels que le pied *pyrrhique*, composé de deux brèves, le *spondée* de deux longues, le *dactyle* d'une longue et de deux brèves, l'*anapeste* de deux brèves et d'une longue, l'*iambe* d'une brève et d'une longue, le *trochée* d'une longue et d'une brève. Je n'en nommerai pas davantage, car il y en avait plus de cent espèces. C'est par l'ajustement ingénieux de ces pieds et les intonations différentes qui sont affectées à chaque syllabe que la phrase grecque acquiert cette harmonie cadencée dont les proportions rhythmiques et l'accent mélodique plaisent tant à l'oreille.

Dans l'exercice de l'organe de la voix, le rhythme prenait

trois formes différentes, dont on fit autant d'espèces : le *rhythme oratoire*, le *rhythme poétique* et le *rhythme musical*.

Le rhythme oratoire et le rhythme poétique ont tous deux, pour éléments, certaines dispositions de pieds et de périodes : mais, dans le premier, toute latitude est laissée à l'oreille pour décider de l'arrangement prosodique des mots, des césures et des phrases; dans le second, au contraire, ces mots, ces césures, ces phrases doivent se succéder par séries uniformes dont les pieds, de diverse nature, sont régulièrement déterminés. Ces séries sont ce que nous appelons des *vers*, et, quand on réfléchit sur les ressources qu'offrait l'extrême variété des mètres, il est aisé de se rendre compte du nombre considérable de genres de vers qu'on a pu inventer.

Le rhythme musical n'est qu'une extension du rhythme poétique : dans le principe il devait s'y conformer en tous points, puisqu'on n'attribuait qu'un seul son à chaque syllabe, longue ou brève. L'art, en se perfectionnant, s'affranchit de cette entrave; il admit des combinaisons métriques que le rhythme poétique ne pouvait s'approprier, en faisant usage de notes de passage et d'ornements mélodiques. C'est alors qu'on établit une distinction entre les deux rhythmes, tous deux continuant à avoir pour base le mètre, qui, son rapport fût-il double, triple, quadruple ou quintuple même, a toujours été divisé en un temps fort (*thesis*, frappé) et en un temps faible (*arsis*, levé). En poésie, le mètre est invariablement fixé par un certain nombre de longues ou de brèves : en musique, la mesure, qui est une espèce de mètre, se prête à la multiplicité des sons, pourvu que sa durée soit rigoureusement maintenue, et que ses temps, fort et faible, soient parfaitement marqués.

La carrure des phrases et la symétrie des périodes sont pour la musique ce que la contexture prosodique des vers et leur assemblage en distiques, strophes ou stances, sont pour la poésie. Leurs rhythmes particuliers ont été l'objet de théories développées jusqu'aux moindres détails. C'était un faible de la haute intelligence des Grecs de vouloir, même dans les arts, tout réduire à des lois ou à des proportions qui devaient être respectées. « Ces théories, comme « toutes celles des anciens, a dit un érudit de notre époque, « M. F. Dübner, présentent, à côté de notions exactes et fé- « condes, quantité de subtilités stériles ou de règles méca- « niques. » Malgré l'intérêt qu'elles peuvent avoir, je dépasserais les bornes et le but de ces études si je vous en faisais une analyse, quelque résumée qu'elle fût. Je vous apprendrai seulement que les Grecs ont fait une science spéciale de tout ce qui avait trait au rhythme, et une autre de tout ce qui se rapportait au mètre. Ils nommaient la première *rhythmique*, et la seconde *métrique*. La métrique était une dépendance de la rhythmique, et c'est à juste titre que Longin appelait le rhythme « le père ou l'âme du mètre. » La *rhythmopée* était l'art de combiner les rhythmes.

L'ensemble des connaissances qui étaient nécessaires pour devenir musicien, en dehors de la rhythmique, prenait la dénomination d'*harmonique*. L'harmonique comportait tout ce qui concerne les *sons*, les *intervalles*, les *systèmes*, les *genres*, les *tropes*, les *métaboles* (modulations), et la *mélopée*, qui était l'art de composer des mélodies.

La musique s'enseignait tout autrement qu'aujourd'hui. Le professeur chantait ou jouait de la flûte ou de la lyre; et l'élève, en jouant ou chantant, d'abord avec lui, puis séparément, tâchait de l'imiter. Quand celui-ci, à force d'application, était parvenu à exécuter, soit avec la voix, soit avec son instrument, les séries et les intervalles mélodiques qu'on lui avait fait entendre, le professeur lui apprenait la notation et les premiers éléments de la théorie. On m'assure que cette méthode est encore suivie dans quelques provinces allemandes.

Le point principal, pour un élève, était de savoir distinguer, dans la série des sons, ceux qui sont stables et ceux qui sont mobiles. Il fallait, en outre, qu'il s'habituât, au moment où il entendait des sons, à se bien rappeler ceux qui les avaient précédés. C'est par la comparaison des uns et des autres qu'on arrive à pouvoir juger de la douceur ou de la dureté d'une mélodie. « Le sentiment musical, « disait Aristoxène, procède de l'action combinée de l'ouïe « et de la mémoire. »

La notation était excessivement compliquée. Jugez-en par le passage ci-après, que j'extrais d'un commentaire sur Plutarque : « Les sons, dans l'ancienne musique, avaient leurs « notes ou caractères, dont l'arrangement formait une espèce « de tablature fort différente de la nôtre. Les notes, rangées « sur une même file, n'exprimaient que la nature ou la qua- « lité des sons. Ces notes étaient les vingt-quatre lettres de « l'alphabet grec, entières ou mutilées, simples, doubles ou « allongées, et, dans ces divers états, tournées tantôt à « droite (suivant leur situation naturelle), tantôt à gauche, « renversées le haut en bas, couchées horizontalement, en « sorte que leurs pointes ou branches fussent tournées vers « le haut; enfin, barrées ou accentuées, sans compter l'ac- « cent grave et l'accent aigu, qui figuraient aussi parmi les « notes. »

Dans la notation grecque il y aurait eu 1860 signes

d'après Martini, 1620 d'après J. J. Rousseau, 1240 d'après Brossard, 990 d'après Barthélemy ; mais d'autres savants les réduisent à un nombre inférieur. Ceux qui étaient affectés au chant n'étaient pas les mêmes que ceux destinés aux instruments. Comme sur tous les points de la musique ancienne, il y a eu des controverses quant à la forme et à la position des signes, de même que sur leur nombre. Ce qu'il y a de plus clair, ce qui n'est pas contredit, c'est que la lecture de la musique présentait les plus grandes difficultés, et qu'il fallait un temps considérable pour y être complètement initié. Platon, dans sa République, n'accordait que trois ans pour ce travail ; mais, après trois ans, on savait à peine solfier. On s'adonnait ensuite à l'étude de l'harmonique et de la rhythmique. Enfin il paraît qu'il y avait dans la musique, comme dans la religion, des rudiments mystérieux que les philosophes, à l'instar des prêtres égyptiens, ne consentaient à révéler qu'aux adeptes les plus fervents, dont les connaissances théoriques et l'habileté pratique ne laissaient plus rien à désirer et qui se vouaient résolûment à la science musicale.

Je crois avoir suffisamment analysé, dans mes précédentes études, les premières parties de l'harmonique, celles qui ont trait aux sons, aux *intervalles*, aux *genres*, aux *systèmes* et aux *tropes*, pour n'avoir plus rien à y ajouter, et je ne vous parlerai que plus succinctement de la *mélopée*, et des *métaboles* qui en sont une annexe.

A quoi vous servirait, au fond, de savoir les règles de la mélopée ? Il ne s'agit plus, dans ce siècle, de composer d'après le système des Grecs. Une mélodie non susceptible d'accompagnement serait pour nous un corps sans âme, ou mieux une âme sans corps. La musique est une *accoustumance*, a dit Plutarque (trad. d'Amyot). Elle s'établit, chez chaque nation, sous l'influence du climat, du dialecte, du caractère, des mœurs, des institutions mêmes. Les transformations auxquelles elle est appelée par le progrès doivent être insensibles pour être acceptées; si elles sont trop rapides ou trop radicales, elles ont bien de la peine à triompher de l'habitude. Nous restons fidèles aux chants maternels qui ont bercé notre enfance : les mélodies qui ont fait la joie de nos pères s'inculquent tellement en nous, que celles qui n'ont aucune similitude avec elles, quelque charmantes qu'elles soient pour d'autres, nous causent parfois une sensation déplaisante, pour ne pas dire choquante. Les airs incohérents des peuples sauvages les impressionneront toujours plus que ne pourraient le faire nos cantates italiennes et nos symphonies allemandes? L'oreille, autant que l'intelligence, demande à s'exercer, à *s'accoustumer* enfin. La nôtre, aujourd'hui, a même besoin d'être civilisée au plus haut degré, si je puis parler ainsi, pour bien sentir les beautés des compositions des grands maîtres de notre époque, beautés qui n'offrent à l'habitant des campagnes que des amas de sons indigestes et étourdissants. Vouloir faire rétrograder nos goûts, pour les renfermer dans des limites qu'ils ont franchies depuis longtemps, serait impossible. En vous exposant la théorie des anciennes tonalités, j'ai voulu vous mettre en mesure d'y puiser de nouvelles idées, de nouvelles inspirations, dont vous pourriez enrichir la musique moderne en les assujettissant à ses lois harmoniques, et mon intention n'allait pas au delà.

Je laisserai donc de côté les règles de la mélopée, dont vous ne sauriez tirer aucun profit, et qui, au reste, ont dû être dictées pour la plupart, comme celles de l'enseiguement actuel, plutôt par l'oreille que par le raisonnement. J'en ferai autant pour les métaboles, qui se pratiquaient entre tous les genres et les variétés de genres, soit du système disjoint au système conjoint, soit d'un trope à un autre trope, soit d'un rhythme à un autre rhythme, soit de l'octacorde aigu à l'octacorde grave. Ces deux dernières métaboles ne seraient plus pour nous des modulations.

Je vous citerai, toutefois, le passage suivant de Plutarque, où il semble nous signaler les métaboles le plus communément employées par les poëtes. La connaissance de l'harmonique ne suffit pas, dit-il, pour « discerner si le « poëte a bien pris proprement et accommodément pour « exemple en musique la mode hypodorienne en son entrée, « ou la mixolydienne et la dorienne à son yssue, ou bien la « phrygienne ou l'hypophrygienne au milieu, car cela n'ap« partient point à la matière de l'harmonique et a besoing « de beaucoup d'autres choses, etc. » (Traduction d'Amyot.) J'appelle votre attention sur ce passage, parce qu'il semble en résulter qu'à l'époque où il a été écrit, et à plus forte raison dans les temps antérieurs, il n'était pas nécessaire qu'une mélodie commençât et finît dans le même trope ou dans le même genre. Ce serait là une nouvelle preuve de l'élasticité tonale de la musique grecque.

La mélopée était prosaïque ou musicale, selon que la voix est *parlante* ou *chantante*. Un discours prononcé sur le même ton serait insoutenable, et les intonations diverses que devait prendre l'orateur rentraient dans les règles de la mélopée. Souvent, lorsqu'il parlait en public, il avait caché derrière lui un joueur de flûte qui, par des sons isolés et intermittents, lui indiquait le degré d'acuité ou de gravité qu'il devait donner à son accentuation, et qui, en soutenant sa voix, maintenait la diction de ses périodes dans un même diapason.

Il en était de même pour les acteurs dont la déclamation théâtrale, et par conséquent plus résonnante, ressemblait beaucoup à notre récitatif, qui n'est pas soumis aux règles du rhythme musical. Sur la scène, on ne chantait, dans la véritable acception du mot, que les chœurs qui remplissaient les entr'actes. Ces chœurs étaient accompagnés, à l'unisson ou à l'octave, par de nombreux instruments, et la mesure était de rigueur. Pour la bien faire entendre, les chefs de chœurs, non contents de la battre avec les mains et les pieds, chaussaient des sandales en bois, et allaient jusqu'à garnir ces sandales de fer; ou bien ils se servaient d'escabeaux sonores, sur lesquels ils frappaient fortement. Serions-nous, à présent, plus difficiles que les Grecs, nous qui ne pouvons plus supporter le choc du bâton de nos chefs d'orchestre?

Dans la musique tragique, qui était toujours simple et grave, les métaboles étaient rarement permises, et l'on employait généralement le genre diatonique : on n'y introduisait des harmonies lydiennes ou mixolydiennes que lorsqu'on voulait peindre les passions et les sensations émouvantes. Les intonations des acteurs devaient être modérées, pour ne pas nuire à la clarté de l'énonciation des vers dont le sens aurait pu être compromis par un chant trop développé. Au théâtre la mélodie cédait le pas à la poésie.

Les poëtes qui s'accompagnaient eux-mêmes de la lyre, en chantant au peuple leurs odes ou leurs poëmes, étaient aussi obligés de prononcer correctement. La pensée ne devait jamais être étouffée par la musique, comme cela n'arrive que trop fréquemment de nos jours. Enfin, en toute occasion, la poésie était le principal, et la mélodie l'accessoire; mais l'une ne devait jamais marcher sans l'autre. C'est pourquoi la musique purement instrumentale fut longtemps proscrite par les règlements publics; elle ne fit son apparition qu'à l'époque où les mœurs commencèrent à se relâcher. Les sages et les philosophes la repoussaient énergiquement. Platon blâme toute musique qui ne se borne pas à un simple accompagnement de la voix. « Il serait honteux pour un « homme libre, a dit Aristote, de jouer de la flûte; » la dignité du citoyen ne lui permettait que l'usage de la lyre, de la cithare et autres de même espèce. Le jeu des flûtes, des trompettes, de tous les instruments à vent et à percussion était réservé aux esclaves. Avec le temps, on devint moins sévère. Le perfectionnement des instruments, d'un côté, et, de l'autre, les difficultés que présentait leur maniement, en raison de leur complication, excitèrent l'ardeur même de hauts personnages, qui n'hésitèrent plus à s'y exercer. On se décida bientôt à fonder des prix, dans les solennités pythiques ou olympiques, pour les joueurs de flûtes et de cithares. Pythocritus et Sacadas furent couronnés plusieurs fois, le premier pour la cithare, le second pour la flûte; on leur éleva même des statues. Les prétentions des artistes devinrent exorbitantes. Amoibée, rapporte Plutarque, exigeait un talent (5,500 fr.) pour jouer de la lyre en public ou dans une réunion particulière. Le prix des instruments atteignit, en outre, des proportions fabuleuses. Une flûte fut payée deux talents (11,000 fr.) par Ismenias.

La nomenclature et la description des instruments ne seraient pour vous que d'un intérêt médiocre, et, en résultat, ne pourraient être que fort incomplètes, quel que fût le soin que j'apporterais à réunir toutes les désignations fournies par les historiens, ainsi que l'abbé Roussier et de La Borde ont cherché à le faire : je me bornerai à vous dire qu'il y en avait un très-grand nombre. Jugez-en par les flûtes, dont, suivant Aristote, on comptait trente-trois espèces.

Les concerts d'instruments à cordes et à vent ne furent tolérés que vers la fin du vi[e] siècle avant l'ère nouvelle. La même mélodie était jouée, à l'unisson, à l'octave ou à la double octave, et la variété des effets harmoniques dépendait uniquement de la nature phonique des instruments qu'on faisait entendre à la fois. Le chant se mêlait fréquemment avec eux, car alors, comme aujourd'hui, comme toujours, l'organe vocal était, est, et sera le plus beau et le plus parfait des instruments.

Pour accompagner la danse, on se contentait primitivement de la voix, et on en marquait le rhythme au moyen du *tympanum* (petit tambour) et des *crotales* (espèce de castagnettes); dans la suite on se servit des harmonies formées du chant, des lyres, des flûtes et des *syrinx* (espèces de chalumeaux).

De même que la musique, la danse était un art dont l'étude était imposée à tout citoyen. Comme métier ou profession cet art était exclusivement réservé aux esclaves, surtout à ceux qui, élevés au fond de l'Asie, l'enseignaient avec plus d'habileté et de goût; mais on aurait rougi de ne pas savoir danser. C'était par la pratique de la danse qu'on obtenait la grâce et la dignité de la démarche et du maintien, l'élégance et la noblesse dans le geste oratoire, une convenance parfaite dans tous les mouvements, et ces qualités, les Grecs les tenaient en haute estime. La génération moderne, je regrette de le dire, est loin d'y attacher autant de prix. Cependant, quand un homme a des dehors distingués et de belles manières, ne nous semble-t-il pas posséder une espèce de supériorité sur les autres? Ne nous sentons-nous pas saisis d'un certain respect à sa vue? Cette distinction, il la doit aux soins qu'on a donnés à son éducation première, dans laquelle l'art de la danse n'aura pas été oublié.

Les applications de la musique étaient générales. On y avait recours dans toutes les circonstances et les occupations de la vie publique et privée. Les oracles, les lois, les préceptes de la morale se chantaient devant le peuple. On appelait *nomes* les chants ou cantilènes qui avaient une affectation spéciale, et leurs variétés étaient désignées par autant de dénominations différentes, que je me dispenserai d'énumérer. Il y en avait pour les cérémonies du culte, pour les sacrifices offerts à tous les dieux; pour les victoires et les marches guerrières; pour les réjouissances, les fêtes et les deuils publics; pour les noces, les naissances, les funérailles, les festins; pour les épanchements d'amour, de joie ou de tristesse; pour les enfants à la mamelle; pour les gens de la campagne, moissonneurs, meuniers, vendangeurs, bergers, etc. même pour les mendiants et les vagabonds, et pour les artisans de tous genres, tisserands, maçons et autres dont le travail manuel était puissamment soutenu par des rhythmes mélodiques.

Quand Épaminondas fit bâtir la grande muraille de Messène, il eut soin de stimuler l'ardeur de ses ouvriers par les mélodies régulièrement cadencées dont Pronomus était l'auteur. La fable d'Amphion, qui éleva les murs de Thèbes aux sons de sa lyre, trouve ici son explication.

Tous ces nomes avaient une expression distincte, qui résultait du rhythme et du genre sur lesquels la musique en était composée; et il est fâcheux que nous n'ayons, sur ce point, que des renseignements très-confus. La plupart des historiens et des théoriciens nous parlent bien du caractère moral que les Grecs attribuaient à chacun de leurs genres et de leurs tropes, mais aucun d'eux ne fait intervenir le rhythme pour motiver ses appréciations. C'est pourtant de la nature de son rhythme que dépend, avant tout, l'effet triste ou gai, doux ou austère, d'une mélodie. Les Grecs ne formaient donc leur opinion que d'après les divisions tétracordales de leurs diagrammes, car, si un rhythme particulier eût été attribué à chacun des genres ou tropes, les auteurs n'auraient pas manqué de le constater. Nous suivrons le même ordre d'idées pour juger si nous sentons comme ils sentaient eux-mêmes autrefois.

Le genre diatonique était le plus calme, le plus grave, le plus imposant.

Le genre chromatique était tantôt mélancolique, efféminé, tantôt passionné, excitant. Des trois genres, c'était le plus séduisant.

Le genre enharmonique était un raffinement du genre chromatique.

Voilà ce qu'on pensait des trois genres pris dans un sens général. Je n'y trouve aucune objection à faire, et je conçois que les philosophes aient réprouvé le chromatique et l'enharmonique comme pouvant porter atteinte à la moralité publique. Plutarque, me direz-vous, appelle *majestueux* le genre enharmonique. Eh bien, je le comprends encore, si l'on en supprime le quart de ton, ainsi qu'il le dit lui-même et que je l'ai fait dans l'exemple n° 27 (p. 75) en retranchant la note variable qui divise le demi-ton, ou en n'en faisant qu'un usage très restreint.

Mais ce n'étaient pas seulement les genres, dans leur état fondamental, auxquels les Grecs affectaient une couleur spéciale, c'étaient tous les tropes, tant réguliers qu'irréguliers; et comme les écrivains se contredisent souvent à ce sujet, je ne rappellerai que les divers caractères des tropes dorien, phrygien et lydien, sur lesquels ils sont à peu près d'accord.

Le trope dorien, suivant Platon, s'appliquait aux sentiments vertueux, modestes et généreux; suivant Aristote, Plutarque et autres, il était mâle, sévère, et convenable à la tragédie, ainsi qu'aux cantiques religieux.

Le trope phrygien était, encore suivant Platon, fier et noble; suivant Plutarque et Lucien, brillant, véhément et enthousiaste; suivant Athénée, Apulée et autres, propre aux mélodies guerrières.

Le trope lydien, toujours suivant Platon, était langoureux et efféminé; suivant Plutarque, tendre et pathétique. Athénée dit qu'il avait des couleurs mystérieuses.

Toutes ces appréciations peuvent se justifier, mais à la condition formelle que le tétracorde dorien aura le demi-ton à l'aigu, et que ce demi-ton sera placé au grave dans le tétracorde lydien. Par là l'effet du trope dorien peut être assimilé à celui de notre mode majeur, et l'effet du trope lydien à celui de notre mode mineur. Sans cette condition il nous faudrait admettre que Platon, Aristote, Plutarque, Athénée et tous ceux qui étaient de leur avis, ou n'avaient aucun sens musical, ou n'ont écrit que sur de fausses indications. Du moins, si nous acceptions leurs assertions, sans adopter la formation des tétracordes dorien et lydien, telle que me l'ont révélée et mes impressions personnelles et mes recherches historiques, nous devrions croire que les Grecs se servaient de mélodies tristes ou doucereuses pour célébrer la puissance divine, la gloire des héros, les victoires de la patrie et proclamer les maximes de la sagesse, et qu'ils réservaient les chants les plus sérieux et les plus solennels pour exprimer leurs douleurs, leurs joies, leurs passions, les émotions les plus palpitantes enfin. Cela serait-il rationnel ?

Quant à moi, qui suis persuadé que, dans tous les ouvrages dogmatiques des anciens, il existe des lacunes ou des erreurs qui rendent inintelligibles une multitude de leurs passages ou permettent toute espèce d'hypothèses, je maintiens l'opinion que je viens d'émettre, et je m'arroge le droit de combler ces lacunes et de rectifier ces erreurs, ne serait-ce que par des conjectures plus ou moins admissibles, pour restituer aux jugements portés par les grands philosophes de l'antiquité l'autorité qui leur est due. Je vous disais, à la fin de ma première étude, et je vous répéterai : La nature humaine est inaltérable dans son essence constitutive. Telle elle était alors, telle elle est aujourd'hui, et, si nos idées se modifient à l'infini, nos sensations comme nos sentiments seront toujours les mêmes dans la série éternelle des siècles.

ÉTUDE VIII.

ÉTUDE VIII.

De la musique dans le culte chrétien; du chant ambrosien; du chant grégorien; des tons authentes et plagaux du plain-chant; de leurs rapports avec le système musical des Grecs; des enseignements qu'on peut tirer de la musique ancienne et du plain-chant, au profit de la tonalité moderne; de la gamme phrygienne chromatique. — Conclusion.

La musique suit le courant des mœurs et s'y conforme. Austère et solennelle aux premiers temps de la Grèce, elle dégénère peu à peu, elle abandonne ses formes primitives et finit par se corrompre, au point de devenir licencieuse et lascive. Les magistrats s'efforçaient en vain de mettre un frein à ses déréglements. Nous avons vu que, dans ce but, ils édictaient des lois et qu'ils punissaient avec rigueur ceux qui osaient les enfreindre; mais quand le pouvoir, en perdant son prestige, vit mépriser son influence sur la religion et la moralité publique, l'art musical devint le jouet des entraînements, des caprices, des passions; il se dégrada et s'avilit comme tous les autres arts.

Le paganisme, violemment secoué dans ses fondements, n'avait plus d'autorité sur les âmes. Pendant que le vulgaire, abruti par des excès de tout genre, s'habituait à ne plus vénérer les dieux, les idées philosophiques se répandaient dans les classes élevées, et, d'un côté, de même que de l'autre, les convictions ébranlées s'égaraient dans ces sentiers tortueux qui aboutissent au scepticisme et à l'athéisme.

Une religion nouvelle, qui frappât les esprits par la pureté de sa morale autant que par la majesté de ses rites, pouvait seule faire cesser de si graves désordres. Pour la fonder, et renouveler la face du monde, Dieu suscita parmi nous Jésus-Christ, qui légua sa vie comme exemple au genre humain et scella de son sang la mission qu'il avait reçue.

De toutes les religions qui se sont établies dans les diverses parties du monde, la religion chrétienne est celle dont la doctrine est la plus élevée, mais celle aussi dont les dogmes symboliques prêtent le plus aux interprétations contradictoires. A peine avait-elle pris quelque développement, qu'elle provoqua une quantité d'hérésies qui, durant plusieurs siècles, la combattirent avec autant d'opiniâtreté que de fureur; et les populations orientales se virent, par leur pernicieuse influence, à la merci de dissensions intestines, dont l'issue ne fut que trop souvent marquée par des scènes sanglantes. Parmi ces hérésies, l'arianisme fut le plus redoutable ennemi que la foi catholique eut à renverser. Il était même au moment de triompher dans la lutte théologique qu'il soutenait, lorsque son apôtre, Arius, mourut empoisonné en 336.

Arius avait approfondi les sciences philosophiques et religieuses. C'était un orateur éloquent; il imposait par la noblesse et la dignité de sa prestance et la régularité de ses traits, par l'éclat de son regard et la sonorité de sa voix. Son abord était gracieux et affable, et la douceur de sa conversation privée inspirait la confiance et la persuasion. Poëte et musicien, il ne pouvait lui échapper que la poésie et la musique exerçaient un grand empire sur les intelligences. Dans cette pensée, il composa des hymnes et des cantiques, qui contenaient les bases de ses croyances; et, pour qu'ils fussent plus en rapport avec le goût dépravé de son époque, il leur adapta une musique légère, animée, surtout populaire, telle que celle dont les Grecs se servaient pour la danse et dans les festins.

Les chants liturgiques d'Arius ne tardèrent pas à être recherchés de la multitude. On se pressait pour les entendre, et, à force de les écouter, on s'imprégnait insensiblement des idées spécieuses que le grand hérésiarque cherchait à féconder par l'attrait de la mélodie. La musique fut donc une des ressources les plus puissantes dont il sut habilement tirer parti, pour inculquer dans le cœur humain des principes qu'il professait d'ailleurs avec un talent digne d'un meilleur sort, et l'on ne doit pas s'étonner que les barbares, qui se disputaient alors le continent européen, aient embrassé avec tant d'ardeur des opinions que l'Église devait bientôt condamner.

Le genre qu'Arius avait choisi différait de celui dont on faisait usage dans les églises chrétiennes qui, en se substituant aux temples des Grecs, avaient, dans une mesure plus ou moins large, adopté ces vieux nomes qu'on adressait aux divinités païennes. C'est dans le culte religieux particulièrement que les traditions se perpétuent, quoiqu'en subissant les atteintes du temps; et il était difficile d'exiger que celui qui se convertissait à la foi catholique, après avoir toute sa vie adoré Jupiter, renonçât, pour célébrer le Christ, aux chants auxquels sa voix était accoutumée depuis l'enfance : la poésie seule en avait été changée.

Les premiers patriarches firent preuve d'un tact extrême, en donnant asile, dans les églises, aux mélodies antiques qui contribuaient à propager la religion chrétienne; ils n'ignoraient pas que l'habitude est une seconde nature, contre laquelle se brisent les efforts les plus persévérants, et ils n'hésitèrent pas à accepter les nomes grecs tels qu'ils étaient chantés, même avec les broderies et les agréments qu'on y avait introduits dès le siècle de Périclès, et qui, sans les défigurer complétement, en avaient altéré la simplicité première.

A toutes les époques la musique religieuse a été une des plus vives préoccupations des pères de l'Église, des théologiens et des papes.

« Le chant, dit saint Bernard, réjouit l'esprit des fidèles, « dissipe l'ennui, aiguillonne la paresse et excite le pécheur « au repentir. » — « Il inspire le recueillement et l'humilité, « dit saint Justin, il apaise les désirs impurs et la concu- « piscence de la chair. Les âmes pieuses y puisent un remède « salutaire contre les douleurs et les chagrins dont la vie est « semée. » — « Le chant est le prélude de la gloire céleste, » dit saint Grégoire de Nazianze. — « Il agit sur l'intelli- « gence, dit Richard de Saint-Victor, et par l'effet de sa puis- « sance il la rend propre à recevoir les inspirations divines. » — « Les enfants suspendus à la mamelle, dit saint Jean « Chrysostome, ne sèchent-ils pas leurs larmes, n'oublient- « ils pas leurs souffrances, quand ils entendent les chansons « maternelles? » — « La musique, dit saint Augustin, en « charmant l'oreille, réveille dans les âmes faibles le zèle de « la piété. L'hymne, accompagnée du chant, est la véritable « louange de Dieu, et là où il n'y a pas de chant, il n'y a « pas d'hymne. Quand j'écoute un cantique, les vérités « chrétiennes affluent au fond de mon cœur. » — « Le chant « a été institué par l'Église dans un but de discipline et « d'édification, » ajoute l'auteur du Dictionnaire du plain-chant, d'où j'extrais ces citations.

Les délibérations des conciles ont souvent même porté sur la musique. Celui de Latran (ch. xxvii), tenu sous Inno-

cent III, met « le chant à la tête des choses qu'un ecclésias-
« tique doit absolument savoir pour remplir dignement les
« fonctions auxquelles il est appelé. » Le cinquième concile
de Milan (ch. v) veut « qu'on ait soigneusement égard, non-
« seulement à la vertu et à la capacité de ceux qui se pré-
« sentent aux ordres, mais encore à leur science dans le
« chant. »

L'art musical, flétri, dénaturé, réduit à la condition la
plus misérable, trouva donc une hospitalité précieuse dans
la demeure du Seigneur. Il n'y fut accueilli, il est vrai, que
comme un élément spirituel qui devait aider à la consolida-
tion du culte; mais ce n'en fut pas moins dans la terre sainte
qu'il plongea ses vieilles racines pour y puiser une séve nouvelle, et que sa tige, nourrie par une culture de plus en plus
savante, pendant une longue suite de siècles, donna enfin le
jour à cette fleur incomparable dans ses formes régulières et
ses couleurs resplendissantes, la *tonalité harmonique*.

La musique religieuse, en se propageant de l'Orient à
l'Occident, s'était transformée d'après l'esprit et les mœurs
des populations qu'elle traversait dans ses lentes pérégri-
nations, et il s'ensuivit que chaque Église, latine ou gau-
loise, s'attribuait des chants différents pour célébrer les
offices. L'utilité de les ramener à une loi uniforme était
évidente, alors que l'unité du dogme catholique venait
d'être proclamée par les conciles. Qui sait si un nouveau
schisme ne serait pas sorti de la confusion qui régnait dans
la musique sacrée, confusion à laquelle les cantiques d'Arius
n'avaient pas sans doute peu contribué? Saint Ambroise,
archevêque de Milan, fut frappé des périls qui menaçaient le
christianisme, et il résolut de mettre fin à un état de choses
dont les conséquences pouvaient être si funestes.

Poëte et musicien autant qu'Arius, saint Ambroise comprenait comme lui qu'il était du plus grand intérêt que la musique chrétienne plût à toutes les classes du peuple, et qu'elle fût d'une exécution facile, les fidèles étant appelés à la chanter en chœur; mais il voulait en même temps qu'elle fût grave, imposante, conforme, en un mot, aux conceptions sublimes de la religion catholique. Dans ce but, il fit un recueil des cantiques et des hymnes que l'Église orientale avait empruntés, pour la plupart, aux temples du paganisme, et il leur en ajouta de nouveaux. Le point important était que les airs de ces cantiques, de ces hymnes, fussent caractérisés par une tonalité homogène, dont les éléments s'opposassent, par leur nature même, à l'immixtion des mélodies profanes. Le saint archevêque s'inspira en principe, non pas du système immuable des Grecs, mais des anciens tropes sur lesquels les nomes avaient été composés, et, leurs variétés lui paraissant encore trop nombreuses, il se contenta de quatre séries octacordales, qui furent nommées *tons* ou *modes*.

Me voici, à cette occasion, dans une situation aussi perplexe que celle où je me suis trouvé en présence des tropes grecs, quand j'ai dû vous les faire connaître. Je vois, dans les ouvrages qui sont sous mes yeux, deux de ces tons écrits d'une manière différente, et je me demande quelle est celle qui appartient réellement à saint Ambroise, car nous avons aussi peu de renseignements positifs sur son système musical que sur la musique ancienne. Pour me tirer d'embarras, je n'ai rien de mieux à faire que de reproduire les deux manières dont les quatre tons ont pu être notés dans l'origine.

ÉTUDE VIII.

LES QUATRE TONS DE SAINT AMBROISE.

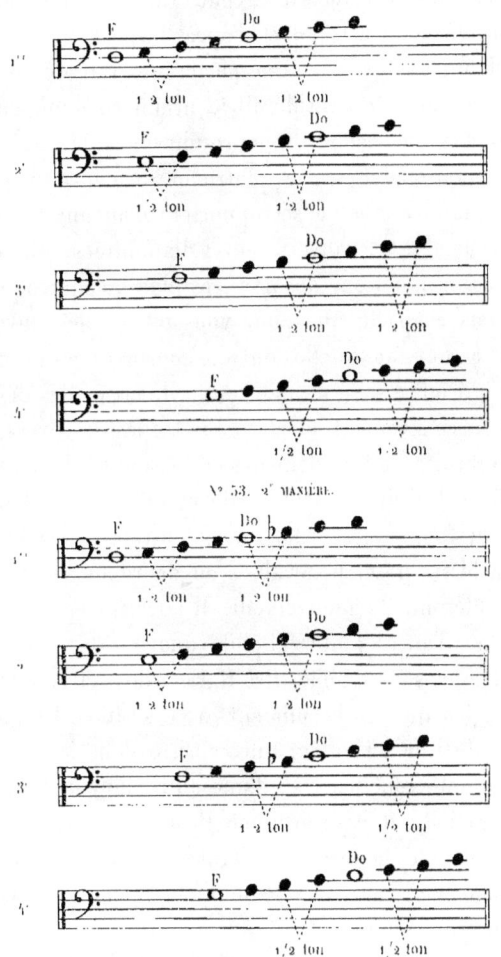

De ces deux manières d'écrire les quatre tons, je n'accepterai que la première, qui semble la plus authentique, et je ne m'occuperai plus de la seconde.

Ainsi, onze degrés de l'échelle musicale suffisaient pour supporter ces quatre octacordes, chacun d'eux se modifiant suivant son élévation à l'aigu et d'après la position relative des deux demi-tons qui sont une partie intégrante de toute espèce de gamme. On considérait le premier comme étant du genre dorien, le second du genre phrygien, le troisième du genre éolien ou lydien, le quatrième du genre mixolydien. Ces qualifications ne se rapportent d'aucune façon à ce que je vous ai dit des divers genres diatoniques; elles ont été prises assurément sur des données plus qu'équivoques, et je ne vous en parle que pour vous offrir une nouvelle preuve des erreurs auxquelles ont été constamment exposés tous ceux qui ont essayé de débrouiller le chaos des dénominations successivement affectées aux tropes des Grecs.

Saint Ambroise n'admit donc pas la division fondamentale de ses octacordes en un heptacorde et une proslambanomène. Le système tétracordal aurait entraîné avec lui la distinction de ses notes invariables ou de repos, et de ses notes variables ou de mouvement. Il aurait exigé de plus l'application, d'après l'intervalle de quarte, des rapports directs entre les sons mobiles des tétracordes, et l'observation des règles qui en découlaient. A ce système l'auguste prélat en substitua un autre, qui consiste dans la fixation d'une seule note conclusive et d'une autre note autour de laquelle la mélodie doit se grouper. Il donna à la première le nom de *finale*, et la seconde prit, par la suite des temps, celui de *dominante*, parce qu'elle dominait le chant et qu'elle était le plus souvent répétée.

La finale, dans chaque ton, était la note la plus grave. La dominante eut sa position déterminée sur le cinquième degré ascendant au-dessus de la finale, avec laquelle elle formait une quinte juste, intervalle dont l'autorité commençait à prévaloir sur l'intervalle de quarte; mais cette position dut être changée dans le deuxième ton, et je vous en expliquerai la cause tout à l'heure.

Si les tons ambrosiens ont de l'analogie avec les anciennes octaves grecques, composées d'un pentacorde et d'un tétracorde, leur économie respective n'en présente pas moins des différences notables. En attribuant, entre autres, à une seule note la fonction exclusive de terminer une mélodie, saint Ambroise avait pour objet de détruire une assimilation trop marquée entre la théorie musicale qu'il établissait et celle des païens, dont il cherchait toutefois à conserver les formules mélodiques.

Le triton, qui était si hautement proscrit par les Grecs, le fut également par les chrétiens, qui allaient jusqu'à l'appeler le *diable dans la musique*. L'obligation de l'éviter, par la bémolisation du *si*, était une règle du système immuable; cette règle fut transportée dans le chant ambrosien, et plus tard dans le chant grégorien.

Le *si* était donc la seule note du diagramme des tons qui fût variable, et sur laquelle, par ce motif, on ne pouvait appuyer une mélodie, en lui donnant la qualité de dominante. Une dominante était néanmoins indispensable pour le deuxième ton, et saint Ambroise se décida à lui affecter le sixième degré ascendant, comme je l'ai notée dans l'exemple n° 52, en opposition avec les autres tons, où elle continua à être placée sur le cinquième.

Le vénérable prélat entendait, et c'est surtout ce qui particularise son système, que le chant chrétien fût soumis aux lois du rhythme et de la mesure; il permettait même l'emploi de certains ornements mélodiques, soit chromatiques, soit enharmoniques, qui restaient étrangers à la constitution fondamentale de ses tons. Il aurait craint, par des modifications trop sensibles, ou des retranchements trop nombreux, dans la musique telle qu'elle était pratiquée, de heurter trop rudement les habitudes de ses contemporains, et, d'un autre côté, de se mettre en contradiction manifeste avec les chants depuis longtemps adoptés par l'Église orientale. Saint Grégoire le grand n'eut pas les mêmes scrupules.

A peine saint Ambroise eut-il achevé sa noble carrière, que ses quatre tons ne suffirent plus au goût du jour qui, même au sein des églises, demandait plus de diversité dans les mélodies. Après avoir qualifié ces tons d'*authentes* ou *authentiques*, on commença par leur en accoler quatre autres, à l'intervalle de quarte au grave, qui furent leurs tons *plagaux*. On posa ensuite d'autres tons authentes sur les trois notes de la gamme qui avaient été laissées de côté, et à chacun d'eux on ajouta un plagal, toujours à l'intervalle de quarte inférieure. De ces combinaisons multiples résultèrent sept tons authentes et sept tons plagaux, et, par conséquent, des complications infinies dans la musique sacrée, qu'il était réservé à l'illustre pontife que je viens de nommer de faire disparaître. Il convient de remarquer que les circonstances lui furent propices. Le catholicisme avait fait de grands progrès, et la ferveur des néophytes était telle qu'ils étaient prêts à se soumettre aveuglément à toutes les volontés du chef de l'Église et à toutes les réformes qu'il lui plaisait d'ordonner.

Sans entrer dans d'inutiles détails, je vous dirai que saint Grégoire fit choix des quatre tons authentes de saint Ambroise avec le *si* naturel, et de leurs quatre plagaux. Ces huit tons reçurent un numéro d'ordre, et furent disposés ainsi que les représente le tableau qui suit.

N° 54. LES HUIT TONS AUTHENTES ET PLAGAUX DE SAINT GRÉGOIRE.

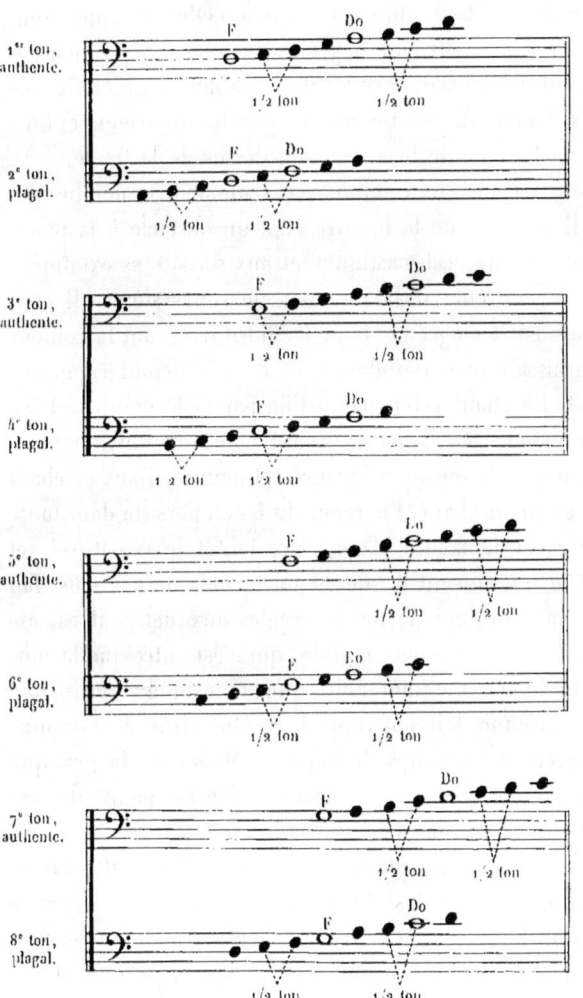

Les fonctions des finales et des dominantes dans les tons authentes n'éprouvèrent aucun changement. Quant aux tons plagaux, on leur conserva comme finales les mêmes notes que celles des tons authentes, quoiqu'elles se trouvassent placées sur le quatrième degré ascendant, et la position des dominantes fut fixée, savoir : dans les deuxième et sixième tons, à l'intervalle de tierce, et, dans les quatrième et huitième, à l'intervalle de quarte au-dessus de la finale.

Saint Grégoire ne diminua pas seulement le nombre des tons. Il pensait que la mesure était un obstacle à la placidité des chants ecclésiastiques et aux sensations extatiques qu'ils engendrent; il la repoussa de son système. Il condamna aussi les agréments et les fioritures dont la couleur lui paraissait trop mondaine, et il les défendit rigoureusement. Le chant religieux justifia par là le nom qui lui a été donné de *planus-cantus* (chant plane ou uni), pour le distinguer de la musique mesurée et figurée. Dans ce chant plane ou plain-chant, l'horreur du triton persista dans toute sa force, et la faculté d'employer tantôt le *si* naturel, et tantôt le *si♭*, suivant la succession mélodique des sons, fait encore aujourd'hui partie des règles auxquelles il est astreint. C'est à cette note mobile, qui n'est autre que la conjonctive du système immuable, que la musique ambrosienne ou grégorienne doit son rapport le plus étroit avec la musique grecque au temps de Périclès. Mais dans la pratique des deux musiques il se rencontre d'autres points de ressemblance que je ne dois pas passer sous silence.

La dominante du plain-chant a les mêmes attributions que la mèse dans les diagrammes tétracordaux : toutes deux sont le pivot autour duquel doit se condenser la mélodie qu'on pouvait entamer par quelque note que ce fût.

Si les modulations dans le chant grégorien ne sont tolérées que d'un ton authente à son plagal, précédemment on permettait de passer d'un ton authente ou plagal à un autre ton plagal ou authente, de même que le faisaient les Grecs entre leurs tropes fondamentaux et plagaux; et, comme eux aussi, on avait la faculté de conclure un chant dans un ton différent de celui par lequel on l'avait entamé. Le cantique du *Te Deum* en est un exemple. Et les cadences? Ne retrouvons-nous pas, dans les formules terminatives du plain-chant, celles qui, seules, étaient praticables dans le système musical des anciens? A la vérité, saint Ambroise et saint Grégoire ont voulu qu'il n'y eût de repos définitif que sur une seule note, la note grave des tons authentes, pendant que les musiciens grecs étaient libres de prendre, soit la mèse, soit la proslambanomène, soit celle des notes invariables des tétracordes qui, d'après le genre des tropes, leur paraissait produire un effet plus harmonieux. Mais il est hors de doute que les vieilles formules de ces cadences ont dû se transmettre d'âge en âge sans la moindre modification; et, comme je vous l'ai promis dans ma VIe étude, je rassemble dans le tableau ci-après toutes celles que contiennent les nomes ou chants ecclésiastiques.

ÉTUDE VIII.

Le genre de ces cadences et les considérations qui précèdent donneraient à croire que les bases constitutives du plain-chant ont été calculées pour détruire, entre les sons qui forment sa tonalité, toute espèce de tendance harmonique et d'affinité chromatique. Chacun d'eux est indépendant dans son allure, et n'existe en réalité que par lui-même. Telle est la cause de la sérénité majestueuse de ses périodes et du vague solennel de ses phrases finales, qui semblent se perdre dans les régions célestes.

De même que les tropes grecs, les tons d'église, originairement, n'étaient accompagnés qu'à l'unisson et à l'octave. Mais la musique figurée recevant des développements nouveaux, après que l'orgue eut été introduit dans les temples chrétiens, on ne se borna plus à l'usage des harmonies consonnantes. Peu à peu on eut recours aux retards, aux anticipations, aux syncopes, et enfin aux accords dissonants qui, par leur résolution attractive, énervent l'expression austère et grandiose du plain-chant, et le dépouillent de son véritable caractère. C'est ce qui a fait dire à

J. J. Rousseau : « Loin qu'on doive porter notre musique dans
« le plain-chant, on gagnerait à transporter le plain-chant
« dans notre musique ; mais il faudrait, pour cela, beaucoup
« de goût, encore plus de savoir, et surtout être exempt de
« préjugés. »

Notre tonalité, cependant, est de nature à se prêter, par elle-même, aux chants les plus graves et les plus religieux. Le moyen de les composer avec plus de sûreté serait de se résigner à répudier toute altération dans la gamme et à n'employer pour accompagnement que des accords consonnants, comme la règle en a été posée par Niedermeyer et M. d'Ortigues, dans leur Traité théorique et pratique de l'accompagnement du plain-chant, qui devrait être désormais l'unique guide des organistes. Il est regrettable que nos musiciens trouvent plus de facilité à se servir d'harmonies dissonantes ; ils s'imagineraient déroger s'ils renonçaient à leur assistance. Je ne l'ai que trop répété : A toutes les générations il faut du nouveau. J'ajouterai ici que, pour en obtenir, il convient parfois de reculer plutôt que d'avancer. Qu'on cherche donc des inspirations nouvelles dans le plain-chant aussi bien que dans la musique grecque, et, au lieu de s'égarer dans des modulations plus ou moins bizarres ou extravagantes à l'aide des dissonances, qu'on s'impose des restrictions, des entraves, qu'on abandonne résolûment tels ou tels accords, et l'on produira des effets inconnus jusqu'à présent ou oubliés depuis longtemps.

Je suis loin de nier l'utilité des dissonances et le charme qu'elles répandent dans la musique ; mais il faut les réserver pour les émotions douces, mélancoliques et tendres, ou pour les passions exaltées et délirantes.

Vous vous en souvenez ; un soir, j'improvisais quelques

successions harmoniques sur votre piano, et vous fûtes surprise de leur expression éminemment pathétique et langoureuse. Vous désiriez savoir dans quel mode je me plaçais; j'étais embarrassé et je vous fis une réponse évasive. Je suis à présent en mesure de vous satisfaire.

Au lieu de l'intervalle de quarte, qui est la base fondamentale de la théorie mélodique des Grecs, le système harmonique moderne repose sur l'intervalle de quinte. C'est d'après cet intervalle que s'établissent les rapports respectifs des sons dans les deux tétracordes disjoints de notre gamme majeure, rapports qui cessent d'exister dans le mode mineur. En réfléchissant sur l'irrégularité de ce mode, je me suis demandé s'il serait possible d'en combiner un autre dont les tétracordes seraient similaires. Après plusieurs essais, je ne dirai pas infructueux, mais sur lesquels je m'abstiens de m'arrêter, j'ai reconnu que rien n'empêcherait de reproduire, comme tétracorde fondamental, le tétracorde complémentaire de la gamme mineure, et de la composer, par ce moyen, de deux tétracordes phrygiens chromatisés, dans lesquels chaque son aurait sa quinte, soit au grave, soit à l'aigu.

Oh! ne m'accusez pas de marcher sur les traces d'Aristoxène. Dans mes premières études sur l'harmonie moderne, que vous m'avez permis de vous soumettre, vous avez vu avec quelle chaleur je m'élève contre toutes les modifications qu'on tenterait d'y apporter; vous avez vu encore que, si je cherche à en coordonner et à en étendre les lois, je considère le maintien de notre tonalité comme le plus sacré des devoirs. Vous devez même vous rappeler que, quoique notre notation me semble avoir été l'obstacle principal qui ait empêché la science de l'harmonie de se perfectionner à l'égal des autres sciences, je déclare hautement qu'y changer la moindre chose serait un acte de vandalisme. Ce qu'il faudrait, dans l'intérêt du progrès, ce serait que la théorie, qui doit présider à la formation et à l'enchaînement des accords, à la généralité de leurs successions ou résolutions, fût fondée sur des éléments acoustiques, et, par là, sur des principes indépendants des règles spéciales à la tonalité. Un musicien sérieux est obligé de connaître ces règles et ne doit pas avoir besoin, quand il vient à moduler, qu'elles lui soient minutieusement indiquées par des signes qu'on appelle si improprement *altératifs*. L'harmonie ne peut logiquement se constituer que sur le tempérament. Dans son développement, toute note diésée ou bémolisée doit représenter un son aussi régulier, sur l'échelle musicale, que celles qui ne sont pourvues d'aucun accident : la flexibilité dont un son est susceptible ne saurait être admise qu'au point de vue mélodique. En définitive, la notation est une affaire de convention, pas autre chose. (Voir 4ᵉ note supplémentaire.)

Prétendre innover après les chefs-d'œuvre d'Haydn, de Mozart, de Beethoven, de Meyerbeer, de Rossini, ce serait se couvrir de ridicule. Non ! Dieu merci ! je ne suis pas un novateur. Je n'ai d'autre but, ce qui est déjà bien présomptueux, que d'introduire de l'ordre et de la méthode dans les admirables combinaisons harmoniques que le génie créateur de ces grands maîtres nous a révélées, d'en analyser les causes physiques, d'en expliquer les effets, de m'adresser enfin à l'intelligence et non plus seulement à la mémoire des jeunes élèves. Vivrai-je assez longtemps pour accomplir cette tâche ?

Je ne vous présente donc la gamme ci-dessus que comme un octacorde grec formé de deux tétracordes disjoints, d'après les principes de la musique ancienne, avec cette différence qu'elle est susceptible d'accompagnements qui n'en dénaturent nullement la couleur. Cette tonalité est essentiellement dissonante, et le cadre dans lequel elle doit se mouvoir est très-restreint ; mais vous pouvez le développer en modulant aux tons relatifs de *fa* et *sol*, disposés dans le même genre : ce moyen m'a été fort utile pour varier les harmonies que je vous ai fait entendre et dont vous avez été si vivement impressionnée.

La cadence fondamentale est la cadence plagale de l'accord parfait mineur de la sous-dominante à l'accord parfait majeur de la tonique. L'accord de dominante est privé de sa quinte juste ; mais, en dehors de sa tierce majeure, qui est la note sensible, on peut lui adjoindre sa septième et sa neuvième mineures. Ce sont là des conditions suffisantes pour produire un sens tonal harmonique, qui, autant que les mélodies grecques, sera empreint d'une teinte mystérieuse et vague. En effet, on peut considérer la tonalité chromatique phrygienne comme une fusion de nos deux tonalités d'*ut* majeur et de *fa* mineur, et il dépendrait de vous de faire prédominer celle-ci sur celle-là ; mais, dans l'espèce, il faut bien s'en garder.

Je n'insiste nullement sur cette gamme étrange, à laquelle j'attache, au fond, peu d'importance ; je ne pouvais toutefois me dispenser de vous en parler. Pour vous en faciliter l'étude, j'ai réuni, dans le tableau ci-après, les accords principaux qui se posent sur ses degrés. Vous re-

ÉTUDE VIII.   183

marquerez que, dans leur nombre, je supprime l'accord parfait mineur de la médiante qui devient impraticable. Cet accord de médiante, dans nos modes majeur et mineur, n'est-il pas aussi une pierre d'achoppement?

N° 57.

TABLEAU
DES ACCORDS PRINCIPAUX
QUI PEUVENT SE POSER SUR LES DEGRÉS
DE LA GAMME CHROMATIQUE PHRYGIENNE.

Au-dessous de chaque accord j'ai indiqué par des chiffres les intervalles qui les composent. Les signes accessoires de ces chiffres diffèrent en partie de ceux qui sont usités dans l'enseignement actuel; vous en avez l'explication dans ma 5ᵉ note supplémentaire. Quant aux renversements des accords, leurs combinaisons vous sont trop familières pour que je juge à propos de les écrire.

Parmi ces accords, il ne s'en trouve que trois consonnants : les accords d'*ut* majeur, de *fa* mineur et de *ré* majeur. Sur ce dernier, une conclusion, même passagère, étant impossible, il ne reste plus que les deux premiers sur lesquels vous puissiez vous reposer. Mais si vous abusiez de la cadence sur l'accord de *fa* mineur, le sens tonal serait interverti. Vous aurez donc soin de revenir souvent sur l'accord de la tonique.

Plusieurs des accords dissonants devront recevoir une résolution exceptionnelle, comme on le dit dans nos méthodes d'harmonie. Vous ferez bien, en outre, de vous permettre les suites de quintes et d'octaves, par degré chromatique; elles n'ont aucune dureté, malgré ce qu'en disent les professeurs rigides.

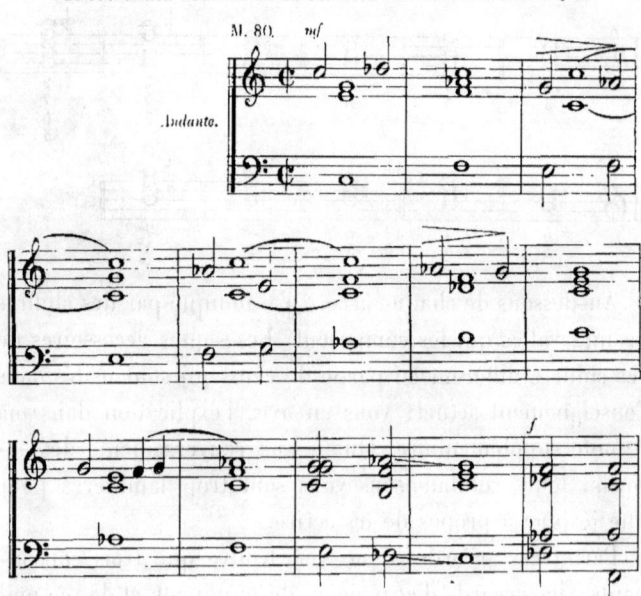

N° 58. EXEMPLE DE L'EMPLOI
DES PRINCIPAUX ACCORDS DE LA TONALITÉ PHRYGIENNE CHROMATIQUE.

ÉTUDE VIII.

La gamme chromatique phrygienne ayant ses deux tétracordes disjoints, de même que nos gammes majeure et mineure, je ne serais pas étonné qu'on essayât de s'en emparer comme d'un troisième mode, quelque faibles que soient ses ressources harmoniques. Les artistes qui auraient cette hardiesse s'exposeraient, je le crains, à une réprobation unanime, tant est grande la force de l'*accoustumance*, et je ne les encouragerais pas dans cette voie. Cependant, ne voyons-nous pas, de temps à autre, apparaître des idées nouvelles dans l'application de notre théorie harmonique, malgré l'immuabilité de ses éléments fondamentaux? Les compositions de nos maîtres les plus illustres n'ont-elles pas une couleur et des tours particuliers qui sont leur apanage individuel? Aujourd'hui même, une école, dont un grand musicien s'est fait le prophète, et qui, luttant contre nos goûts et les tendances de nos prédilections, semble vouloir transformer l'art moderne, ne se propage-t-elle pas en Allemagne? N'a-t-elle pas de nombreux adeptes, en dépit de l'opposition systématique qu'elle a rencontrée en France?

Laissons donc le génie pénétrer librement dans le temple des muses; ne le gênons pas dans l'expansion de son enthousiasme par la résistance de nos habitudes; ne l'enchaînons pas par les liens vulgaires de la routine, et accordons-lui le droit de diriger ses inspirations suivant ses fantaisies et même ses caprices. S'il fait fausse route, il en sera assez puni par l'indifférence et l'oubli auxquels ses œuvres sont condamnées à l'avance. Ne perdons jamais de vue que la musique est l'art le plus instable, et que cette instabilité tient à sa nature éthérée et fugitive. Elle n'en est, et n'en sera pas moins dans tous les siècles, celui de tous les arts dont les attraits sont les plus séducteurs, celui qui surexcite au plus haut degré notre sensibilité, celui enfin qui procure à l'humanité les jouissances les plus douces et les plus pures.

La peinture, la sculpture, l'architecture, la danse, ne peuvent en effet créer que des beautés plastiques dans la régularité des formes ou des mouvements; et, ces beautés fussent-elles parfaites, elles ne sauraient nous placer au-dessus d'un horizon plus ou moins circonscrit. La musique, au contraire, cette fille de l'air, n'a pas de limites dans son essor; telle est la puissance qu'elle exerce simultanément sur nos sens et sur notre âme, qu'elle nous met, j'oserai le dire, en communication avec l'essence divine; ses émanations harmonieuses, en se dissipant dans l'espace, semblent même nous ouvrir les portes de ce monde inconnu, séjour du beau idéal et de la félicité suprême, sujet éternel des méditations les plus sublimes comme des plus hautes aspirations, de ce monde dont notre intelligence cherche en vain à sonder les profondeurs. La musique est donc le seul art qui élève l'homme au-dessus de lui-même; car, si la pensée ne peut que s'égarer aussitôt qu'elle tend à sortir de la sphère où Dieu veut qu'elle se renferme, l'imagination dans la musique, libre de toute entrave en parcourant l'immensité, n'est jamais exposée aux écueils de l'erreur, et, quels que soient ses élans les plus audacieux, elle nous maintient dans un état de contemplation dont le charme ineffable nous rapproche de l'infini.

Post-scriptum. J'allais vous envoyer cette huitième et dernière étude, quand votre lettre vint me surprendre en m'apprenant que vous n'avez pu résister au désir de communiquer mes premières pages à l'un de ces hommes de savoir et de talent qui se pressent autour de vous, pour s'éclairer aux lueurs étincelantes de votre esprit. Vous m'avouez que ce sérieux ami, tout en déclarant l'insuccès de ses efforts pour découvrir les lois de la musique grecque, vous a dit :

« Votre philosophe fait vraiment bon marché des traités « que l'antiquité nous a légués. Il se fonde sur ce qu'ils sont « tous postérieurs à l'époque où il se place, pour les jeter « en quelque sorte au panier. Je reconnais qu'ils sont rem-« plis de raisonnements plutôt que de faits, qu'ils se contre-« disent même les uns les autres, mais nous n'avons pas « d'autres sources d'où nous puissions tirer quelques rensei-« gnements. L'auteur n'aurait-il pas mieux fait de les inter-« préter de nouveau, s'il les croit mal traduits ou commentés? »

Je le sais, bien des savants me tiendront le même langage, tant est grand leur respect pour la lettre des textes. Ne sont-ils pas obligés, toutefois, de la modifier, quand la traduction d'une phrase ne leur présente aucun sens rationnel? Ouvrez un livre de commentaires; presque à chaque page vous aurez une dissertation sur la manière d'écrire telle ou telle syllabe, ou sur la substitution d'un mot à un autre, pour obtenir une signification quelconque. Remarquez qu'on est rarement d'accord, et il s'ensuit des discussions à perte de vue. Quoi! moi, simple amateur, je serais entré dans la lice avec ces colosses de science et d'érudition dont les travaux et les patientes élucubrations seront, dans tous les siècles, un sujet d'admiration! Non, non, je reconnais mon indignité, et je demeure convaincu qu'après eux il n'y a plus rien à faire. S'ils ne sont pas parvenus à rendre la musique grecque intelligible pour les musiciens, c'est qu'il y avait une autre route à suivre, c'est, je veux dire, qu'il fallait avoir le courage d'élaguer tout ce que nous sommes inhabiles à comprendre dans les anciens écrits, et se résigner à ne spéculer que sur les seules notions élémentaires qui ont entre elles des rapports assez déterminés pour en former un tout suffisamment régulier.

Tel a été le but que je me suis proposé, et si, pour l'atteindre, j'ai dû recourir à quelques conjectures, j'ai eu soin de les asseoir sur des données aussi positives que possible, et de résoudre toujours les questions épineuses dans un sens musical.

N'ai-je pas, au reste, largement puisé dans les textes? Il est vrai que je ne me suis pas contenté des traités dogmatiques; les ouvrages purement historiques ont souvent été mes meilleurs guides, et l'on me pardonnera, je l'espère, d'avoir pris en haute considération les opinions des écrivains qui se sont occupés d'esthétique plutôt que de théorie.

Ne suis-je pas enfin arrivé à constater les véritables bases du système musical antique?

L'intervalle de quarte, point de départ fondamental;

L'introduction, dans cet intervalle, de deux sons variables : de là le tétracorde, dont les deux sons extrêmes étaient stables;

La triple division du tétracorde, fondée : 1° sur deux intervalles de ton; 2° sur deux intervalles de demi-ton; 3° sur deux intervalles de quart de ton; plus un intervalle complémentaire, qui variait en conséquence : de là les genres diatonique, chromatique et enharmonique, et leurs différentes espèces;

L'accroissement progressif du diagramme tétracordal : de là le pentacorde et l'hexacorde, en premier lieu;

La conjonction de deux tétracordes : de là l'heptacorde ;

L'adjonction de la proslambanomène à l'heptacorde : de là l'octacorde ;

La division de l'octacorde, soit en un pentacorde et un tétracorde : de là le principe primitif des anciennes octaves, au temps de Terpandre; soit en deux tétracordes conjoints et une proslambanomène : de là le nouveau principe tétracordal, au temps de Timothée ;

La conjonction de trois tétracordes suivis de la proslambanomène : de là l'hendécacorde, nommé plus tard le petit système parfait, ou système conjoint ;

La conjonction de deux octacordes, composés, soit d'après l'ancien, soit d'après le nouveau principe : de là le grand système parfait, ou système disjoint ;

Dans ce système, divisé en deux heptacordes disjoints avec une proslambanomène, l'introduction, pour éviter le triton au point de disjonction, d'un tétracorde conjonctif : de là le système immuable ;

La diversité générique des octaves ou des tropes, suivant le degré d'acuité ou de gravité de leur note tonale sur l'échelle musicale immuable : de là les sept octaves antiques et les quinze nouveaux tropes fondamentaux et plagaux ;

Enfin l'inaltérabilité, dans les séries mélodiques, de l'intervalle de quarte, cet intervalle *qui gouvernait tout.*

En négligeant quelques détails, je le demande aux savants eux-mêmes, ne sont-ce pas là tous les points capitaux de la théorie musicale des Grecs, du moins jusqu'au siècle de Périclès?

Je le confesse, j'ai écarté une multitude de subtilités

philosophiques ou mathématiques, et je l'ai fait parce qu'elles m'ont paru oiseuses ou sans intérêt réel pour l'objet final que j'avais en vue.

Je me suis abstenu de nommer tous les musiciens qui figurent dans l'histoire comme ayant contribué à la fondation ou aux progrès de l'art; j'ai cru suffisant de personnifier dans Terpandre, Timothée et Aristoxène, les trois époques les plus saillantes des transformations du système musical.

Je n'ai pas cité, ainsi qu'il est d'usage, tous les ouvrages que j'ai consultés; je n'en ai noté, ni les chapitres, ni les paragraphes qui me venaient en aide dans mes raisonnements : c'eût été déployer un appareil d'érudition qui devient fatigant à la lecture. A ceux qui douteront de la sincérité des faits et des idées que j'ai empruntés à l'antiquité, je dirai : Suivez mon exemple, les documents du temps ne sont pas nombreux; étudiez-les et comparez à votre tour.

Les objections ne me feront pas défaut, je m'y attends; et, comme je veux me soustraire à toute polémique ultérieure, j'irai au-devant de quelques-unes qui me viennent en ce moment à l'esprit.

Sur le point capital de ma théorie, la division tétracordale des genres ou tropes dorien et lydien, je renverrai mes contradicteurs aux éclaircissements contenus dans ma première note supplémentaire.

A l'égard des quinze tropes dont les tables d'Alypius nous ont donné la nomenclature, si l'on m'oppose que ces quinze tropes n'étaient pas pratiqués à l'époque de Périclès, je ne me donnerais pas la peine de discuter. Je consentirais, s'il le faut, quoique à regret, à n'admettre, comme n'ayant été pratiqués à cette époque, que les trois tropes fondamentaux : le lydien, le phrygien, le dorien ; leurs plagaux : l'hypolydien, l'hypophrygien, l'hypodorien ; plus, le mixolydien, transposé du grave à l'aigu, étant entendu que ces tropes seraient constitués d'après le système tétracordal et ses diverses variétés. La question n'a pas le moindre intérêt, puisque sa solution dans un sens ou dans un autre ne modifie en rien les principes élémentaires de la musique grecque, comme je les ai compris.

Critiquera-t-on les différentes formes que j'ai données au trope mixolydien ? Me dira-t-on que je les ai combinées d'après le tétracorde diatonique avec le demi-ton au grave, tel qu'il existait du temps de Platon et d'Aristoxène, pendant que la dénomination du trope remonte à l'époque des sept octaves, dites anciennes, et qu'alors le même tétracorde avait son demi-ton à l'aigu ? Je pourrais discuter sur ce point ; mais, au fond, je n'ai émis que des probabilités ; on est libre de les accepter ou de les rejeter, et si l'on insiste pour les trouver mal assises, je passerai condamnation.

A ceux qui me reprocheront de ne pas m'être assez appesanti sur la gamme octacordale de Pythagore, provenant d'une note ajoutée à l'heptacorde de Terpandre, dont les sons extrêmes étaient à l'intervalle d'octave, je dirai : Toutes les recherches que j'ai faites m'ont laissé dans le doute sur sa véritable formation, et c'est pourquoi je n'en ai parlé que superficiellement. Mon peu de confiance dans certains textes m'a même suggéré une supposition qui, si elle était confirmée, serait fort curieuse. Je me suis demandé si la numération des intervalles dans l'octacorde de Pythagore, comme dans l'heptacorde de Terpandre, ne devait pas avoir lieu dans un sens inverse de celui qui est indiqué par ces textes. Il en résulterait une gamme parfaitement identique à notre gamme majeure, et, dans ce cas, Pythagore aurait découvert l'échelle de notre tonalité moderne. Bien des thèses, en fait de musique grecque, ont été soutenues avec des arguments qui ne valent pas ceux dont on pourrait appuyer cette proposition.

Me blâmera-t-on enfin de n'avoir pas imité la généralité des commentateurs, en confondant toutes les époques ? Devais-je, ainsi qu'ils l'ont fait sans exception, rassembler en faisceau tous les traités publiés, les uns après les autres, durant une période de huit ou dix siècles, et chercher à établir un seul et même système avec les éléments hétérogènes dont ils sont et devaient être inévitablement remplis ? A leur exemple, je me serais perdu dans un dédale inextricable.

Si, en définitive, j'ai pris l'art musical dans l'état où il était au siècle de Périclès et de Platon, c'est qu'aux écrits d'Aristoxène se rattache une décadence, à laquelle ont travaillé successivement tous les autres théoriciens, et qui s'est consommée, sous l'empire romain, au milieu des débauches fastueuses et des orgies sanglantes de Néron et de Caligula.

Ne nous plaignons pas néanmoins de ce grand cataclysme de l'art, car une révolution complète dans les principes de la musique était indispensable pour obtenir la substitution, comme base fondamentale, de l'intervalle de quinte divisible en deux intervalles consonnants, à l'intervalle de quarte, qui ne peut l'être qu'avec un intervalle dissonant. Sans cette substitution, la tonalité harmonique ne serait-elle pas encore sous le boisseau ?

Telle est la réponse que je puis faire à votre savant ami. En présence des doctrines contradictoires que l'histoire nous a transmises, j'avais le droit d'user de ma liberté d'appréciation. C'est à vous de décider si j'ai eu tort ou raison.

NOTES SUPPLÉMENTAIRES.

NOTE I.

Sur la division tétracordale des tropes dorien et lydien, et sur leurs positions respectives dans les divers systèmes.

La dissertation la plus complète que nous ayons sur la formation diatonique des trois tropes fondamentaux de la musique grecque est celle que M. Vincent a insérée dans un de ses savants Commentaires, auxquels j'ai eu fréquemment recours dans ces études; j'en extrais ce qui suit[1] :

« C'est un fait reconnu de toute antiquité, que les modes pri-
« mitifs étaient au nombre de trois : dorien, phrygien, lydien, se
« surpassant mutuellement d'un ton; et la composition des diverses
« espèces d'octaves, comprenant chacune deux quartes ou deux té-
« tracordes semblables et un ton complétif de l'octave, prouve, de
« plus, que chacun de ces modes était déterminé par une espèce
« particulière de quarte, caractérisée elle-même par la position
« qu'occupait le demi-ton dans le tétracorde, ce demi-ton étant
« placé au grave dans le dorien, au milieu dans le phrygien et à
« l'aigu dans le lydien. En conséquence, prenant pour point de
« départ les tables d'Alypius, dans lesquelles les trois tropes dorien,
« lydien, phrygien, vont du grave à l'aigu, en s'élevant successive-
« ment d'un ton, on a cru devoir disposer les trois tétracordes do-
« rien, phrygien, lydien, comme dans la figure A ci-dessous; or
« je pense, au contraire, que, nonobstant la position des tropes
« dans les tables d'Alypius, les trois tétracordes primitifs devaient
« être établis comme ils le sont dans la figure B. »

---

[1] J. H. A. Vincent, *Notice sur divers manuscrits grecs relatifs à la musique*. Imprimerie impériale; Paris, 1847.

198   NOTE I.

N° 59. FIGURES DÉMONSTRATIVES.

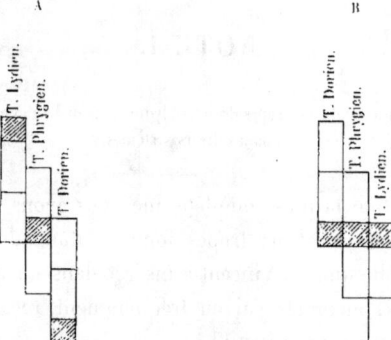

TRADUCTIONS DE CES FIGURES EN NOTES MUSICALES.

Pour soutenir sa proposition, l'auteur argumente sur quelques passages d'anciens écrits, qui prouveraient que le tétracorde, dont le demi-ton est au grave, ou le trope auquel il s'appliquait, se plaçait à l'aigu. Mais en résulte-t-il péremptoirement que ce trope ou tétracorde ait, de tout temps, été appelé dorien, ainsi qu'il semble vouloir le prouver? C'est ce que je vais examiner.

J'ai déjà fait remarquer que, dans les ouvrages anciens, les trois variétés du tétracorde diatonique n'avaient aucune dénomination spéciale. En leur donnant les qualifications de *dorienne*, *phrygienne* et *lydienne*, M. Vincent a le soin de déclarer que ces qualifications n'étaient pas d'usage antique [1]. Il les a empruntées

---

[1] J. H. A. Vincent, *Notice, etc.* p. 75.

aux tropes, dans la constitution desquels entrait chacune des trois variétés, et j'ai suivi son exemple. Sans cela, ses démonstrations et les miennes eussent été d'une difficulté extrême à exposer. Sur ce point même, j'ai été plus loin que lui. J'ai attribué, et non pas sans raison, au mot *tropos* (*trope*) la double signification de ce que nous entendons par *mode* et par *ton* (*tonalité*). Le docte académicien ne lui accorde que celle de ton [1]; et, ayant fait une distinction du mot *tonos*, qui, dans l'une de ses acceptions, était synonyme de *tropos* [2], mais que j'ai particulièrement affecté à l'intervalle de ton, pour éviter toute ambiguïté, il le traduit par *mode*. Privé de son sens modal, le mot *trope*, qualifié de *dorien*, *phrygien* et *lydien*, n'aurait donc eu d'autre destination que d'indiquer le degré sur lequel se posait le trope, quel que fût son mode, et l'on pourrait en induire que l'érudit commentateur n'a pas été conséquent avec lui-même, quand il s'est décidé à se servir des mêmes dénominations pour distinguer les trois espèces de tétracordes diatoniques. Le parti que j'ai pris, et qu'il me serait facile de justifier, de cumuler dans le mot *trope* le double sens de *mode* et de *ton*, empêcherait que cette objection fût fondée à mon égard, si l'on venait à me la faire.

Mettant à part les qualifications tétracordales, je ne puis qu'approuver les considérations d'après lesquelles M. Vincent fixe la position, au-dessus du tétracorde phrygien, du tétracorde dont le

[1] J. H. A. Vincent, *Notice*, etc. p. 73.
[2] Euclides, p. 19. «Antiquæ musicæ auctores septem, græce et latine Marcus Mei-«bomius restituit ac notis explicavit.» Amstelodami, apud L. Elzevirium, 1652; 2 vol. in-4°. Les ouvrages de ces sept auteurs sont intitulés comme il suit :

Tome I. Aristoxeni *Harmonicorum elementorum* libri III; Euclidis *Introductio harmonica*; Nicomachi Geraseni, Pythagorici, *Harmonice manualis*; Alypii *Introductio musica*.

Tome II. Gaudentii philosophi *Harmonica introductio*; Bacchii Senioris *Introductio artis musicæ*; Aristidis Quintiliani *de Musica* libri III.

Dans mes références, je me bornerai à indiquer le nom de ces sept auteurs et les pages de chacun de leurs traités auxquelles se rapporteront les citations. Pour les autres ouvrages, j'aurai soin de désigner les éditions qui ont été à ma disposition.

demi-ton est au grave, et au-dessous, celle du tétracorde dont le demi-ton est à l'aigu; elles sont de toute justesse au point de vue musical. Changez la disposition respective des tétracordes diatoniques, et toute modulation devient mélodiquement impraticable; on s'en convaincra en examinant attentivement les premiers exemples démonstratifs ci-dessus, A et B.

Un agencement de cette nature n'a dû être adopté qu'après que l'art eut fait quelques pas dans la voie du progrès, car, lorsque la lyre n'était montée que de deux cordes, les trois variétés du genre diatonique pouvaient être accompagnées par le même instrument.

N° 60. EXEMPLES DÉMONSTRATIFS.

Plus tard on aura accordé le dicorde, d'abord à un ton, puis à deux tons plus haut, ou bien disposé trois dicordes à l'intervalle d'un ton. On devait procéder au hasard ou par fantaisie. Mais quand le diagramme fut converti en pentacorde, en hexacorde, en heptacorde, en octacorde enfin, et que les lyres mélodiques firent renoncer aux lyres d'accompagnement, il était indispensable de mettre réciproquement en rapport tous ces diagrammes ou systèmes, afin de n'avoir pas besoin de changer d'instrument pour moduler.

Alors apparut le système des anciens tropes (octaves), tels qu'ils nous sont décrits par les auteurs qui en ont parlé, et la concordance de ces tropes était d'une utilité trop réelle pour n'avoir pas été maintenue dans le système immuable qui fut l'apogée du perfectionnement de l'art grec.

Je rappellerai, à cette occasion, un fait consigné dans le Banquet des Savants : Lysandre, Sicyonien, fut le premier qui construisit une cithare, appelée *magadis* [1], sur laquelle on avait la faculté de jouer les trois tropes dorien, phrygien et lydien [2]. Cette cithare était montée de vingt cordes, dont dix-huit pour les trois tropes superposés diatoniquement, les deux dernières s'appliquant, sans doute, aux octaves grave et aiguë de la note conjonctive. Anacréon employait de préférence la *magadis* pour accompagner ses chants amoureux ou mélancoliques [3], et l'usage de cet instrument, sur lequel les octacordes aigus avaient leur antiphonie au grave, finit par être tellement répandu, que, de son nom, on fit *magadiser*, qui signifie accompagner ou chanter à l'octave [4]. Aristote disait : « L'octave est le seul intervalle qui se magadise [5]. »

L'enchaînement graduel des trois tétracordes diatoniques, à l'intervalle d'un ton, étant indiscutable, la question ne porte plus que sur les dénominations des tropes dont ils faisaient partie, et nous allons démontrer qu'au ve siècle avant l'ère vulgaire elles étaient entièrement modifiées dans leur application.

Il convient, au préalable, de distinguer trois époques capitales dans les fastes musicaux de la Grèce : la première remonte à l'établissement des sept espèces d'octaves (anciens tropes); la seconde, à l'invention du système immuable basé sur la conjonction des tétracordes des trois variétés diatoniques ; la troisième fut celle de la prédominance du trope lydien sur les tropes dorien et phrygien.

[1] *Athenæi Naucratitæ Deipnosophistarum* lib. XV. G. et L. (Johannes Schweighæuser). Argentorali, ex typ. soc. Bizontinæ, 1801-7, lib. XIV, t. V, p. 314.
[2] *Idem*, p. 304.
[3] *Idem*, p. 299 et 304.
[4] *Idem*, p. 303.
[5] Aristotelis *Op. omnia*. Paris, Amb. F. Didot, 1857, t. IV, Probl. section xix, § 18, p. 297.

Je commencerai par traiter de la première époque.

Il est inutile que je revienne sur la composition des anciennes octaves; ce que je vous en ai dit dans ma quatrième étude (pag. 59 et suiv.) est extrait des ouvrages de Gaudentius, Bacchius, Aristide Quintilien, etc. et ce que je dois y ajouter ici est puisé aux mêmes sources [1].

La situation respective des demi-tons dans le diagramme, sur lequel on posait successivement les sept octaves, était invariable. Les éléments constitutifs de ces octaves, qui étaient essentiellement diatoniques, ne se prêtaient pas aux genres chromatique et enharmonique, lesquels ne furent inventés que postérieurement. La formation des trois espèces de tétracordes (*diatessaron* ou *syllaba*), des quatre espèces de pentacordes (*diapente* ou *dioxia*), et des sept espèces d'octacordes (*diapason* ou *harmonia*), dépendait donc du degré qui leur était dévolu sur l'échelle des sons. Aristide Quintilien est explicite à cet égard, quand il dit : « Il suffit de « savoir sur quel degré est placée la note grave d'une des octaves, « pour connaître la série des notes qui en déterminent l'espèce. » Cette note, il a soin de ne pas lui donner le nom de *proslambanomenos*; il n'y avait et ne pouvait y avoir de proslambanomène dans les anciennes octaves, les notes graves du mixolydien, du lydien et du phrygien faisant partie intégrante de leurs tétracordes, et celles du dorien, de l'hypolydien, de l'hypophrygien et de l'hypodorien étant comprises dans leurs pentacordes.

Ainsi que je l'ai exposé, l'*ut* était la note grave du trope lydien, à un demi-ton au-dessus de celle du mixolydien, le *si*; celle du phrygien était le *ré*, à un ton au-dessus de l'*ut*; et au-dessus du *ré*, également à un ton d'intervalle, le *mi* était la note grave du dorien.

En prenant ces trois dernières notes *ut*, *ré*, *mi*, comme points de départ, sur les touches blanches de notre clavier, dont l'idée

---

[1] Voir, pour les six paragraphes suivants, Gaudentius, p. 18-20; Bacchius, p. 18-19; Aristides Quintilianus, p. 17-18.

première semble nous être venue des Grecs, puisque ces touches reproduisent exactement le système disjoint, et comptant, par voie ascendante, les intervalles qui constituent l'espèce des trois tropes fondamentaux, limités à un octacorde, nous constaterons :

Qu'à l'époque dont il s'agit le lydien était le plus grave et que le demi-ton de son tétracorde était à l'aigu ;

Que le dorien était le plus aigu et que le demi-ton de son tétracorde était au grave ;

Qu'enfin le phrygien, placé entre les deux, avait le demi-ton de son tétracorde au milieu des deux tons.

Ces notions, dont l'authenticité est incontestable, à moins de n'avoir aucune foi dans les écrits grecs, viennent corroborer la doctrine de M. Vincent, car elles sont conformes aux positions et aux dénominations respectives qu'il donne aux trois variétés du tétracorde diatonique; cependant il ne les a pas invoquées catégoriquement dans sa dissertation. Il n'a vu dans les espèces d'octaves, que des formes particulières et non point de véritables tropes. C'est bien ce qu'on peut dire des espèces de quartes (tétracordes) et des espèces de quintes (pentacordes); celles-ci et celles-là n'étaient distinguées que par leur numération, mais il n'en était pas de même des octaves. Toutes avaient une qualification spéciale, et cette qualification comprenait et l'indication de l'état constitutif de chacune d'elles et celle du degré qu'elle occupait sur le diagramme. Les sept espèces d'octaves ou les sept anciens tropes, ainsi que je les nomme pour plus de clarté à l'exemple de divers auteurs, forment donc un système, aussi bien que les treize tropes d'Aristoxène, les quinze tropes d'Alypius, les sept tropes de Bacchius le Vieux, etc. Si ces considérations fussent venues à l'esprit de M. Vincent, il eût été amené forcément à faire une distinction entre les diverses époques de l'histoire de la musique ancienne, et à mieux se rendre compte des transformations que l'art a subies, ainsi que nous essayons de le faire dans cette note.

NOTE I.

Quoique le système des anciennes octaves ait été remplacé par le système immuable, les écrivains ne devaient pas omettre d'en faire mention dans leurs traités. Mais quand ils décrivent les diverses espèces de ces octaves, leur rédaction prouve, j'en ai déjà fait l'observation, que ce n'est en quelque sorte qu'à titre de renseignement historique. Je crois devoir ajouter ici qu'en relatant leurs qualifications, au lieu de dire, *telle octave s'appelle*, ou *a été appelée*..... ils ont recours à cette locution : *elle était appelée par les anciens*..... (*a veteribus, ab antiquis, vocabatur*)[1]. Les vieilles dénominations de tropes avaient dès lors perdu leur signification originaire, et nous allons voir qu'elles avaient reçu des applications différentes.

C'est la seconde fois que je me réfère à l'Introduction harmonique, et je suis loin, toutefois, de lui accorder autant de crédit qu'aux traités de Gaudentius, de Bacchius et d'Aristide Quintilien. Cet opuscule (il ne contient qu'une douzaine de pages) est parfois en désaccord avec eux. Il indique, entre autres, la position du demi-ton *au milieu* des deux tons dans la deuxième espèce de quarte et *à l'aigu* dans la troisième[2]. Il attribue ensuite à l'hypodorien des treize tropes d'Aristoxène l'acuïté qui lui appartient dans le système des anciens tropes[3]. Meibomius prétend qu'il faut ici rectifier le texte et lire *gravissimus* (le plus grave), au lieu de *acutissimus* (le plus aigu)[4]. Mais pourquoi se donner cette peine?

Il est fort à présumer que l'Introduction harmonique n'a pas été écrite par Euclide. Ce n'est qu'un simple préambule à ses théorèmes sur la division canonique, un résumé succinct de notions élémentaires, qui aura été ajouté postérieurement, peut-être par Pappus[5]. Plusieurs des manuscrits que possède la Bibliothèque

---

[1] Bacchius, p. 18-19; Euclides, p. 15-16.
[2] Euclides, p. 14.
[3] *Idem*, p. 20.
[4] *Idem*, Meibomii notæ, p. 63.
[5] J. H. A. Vincent, *Notice, etc.* p. 103.

impériale portent d'ailleurs le nom de Cléonidas[1]; et, en refusant à l'illustre géomètre la paternité d'un ouvrage d'aussi peu de valeur, on n'ôterait pas un fleuron à sa couronne de gloire. Les théorèmes d'Euclide, d'autres l'ont dit avant moi, sont conçus pour justifier la doctrine des pythagoriciens; et les idées qui dominent dans l'Introduction harmonique ne sont nullement d'accord avec cette doctrine. Pourquoi enfin ne pas admettre qu'il y ait des erreurs dans l'ouvrage? On n'était pas plus infaillible autrefois qu'aujourd'hui ; à toutes les époques on peut avoir traité de sujets qu'on ne connaissait qu'imparfaitement. Je préfère donc respecter le texte, et croire que l'auteur n'était ni praticien ni même théoricien musical dans l'acception du mot. Il semble n'avoir aucune opinion arrêtée sur les divers systèmes; car, quand il vient à parler de celui d'Aristoxène, on ne sait trop pourquoi, à l'occasion d'une des significations du mot *tonos* (ton), il se borne à dire : *mais il y a treize tons* (tropes), *comme le pense* (*ut censet*) Aristoxène[2]. Il est vrai que le système de ce philosophe n'était pas généralement admis; c'était uniquement celui qu'il avait inventé, modifié, augmenté ou restreint d'après ses idées personnelles.

Aristoxène serait dès lors le seul théoricien du IVe siècle, avant Jésus-Christ, dont les écrits sur la musique auraient été conservés, du moins en grande partie, puisque d'Alypius nous n'avons que des tables de notation. Il eut sans contredit sur cet art et sur les phases qu'il a traversées des connaissances plus précises et plus étendues que tous ceux qui vinrent cinq ou six cents ans plus tard; les traditions antiques durent lui parvenir plus intactes ou moins défigurées. Eh! bien, il ne dit pas un seul mot des vieilles octaves, et il se borne, au sujet des tropes, tels qu'ils existaient plusieurs siècles auparavant, à s'exprimer ainsi :

« Personne n'a rien écrit sur les tons (tropes) et ne nous a in-

---

[1] J. F. Montucla, *Histoire des mathématiques*. V. Agasse, Paris, an VII, t. I, p. 216.
[2] Euclides, p. 19.

« diqué ni comment il faut comprendre leur formation, ni de quel
« nombre ils se composent. Il en est des traditions des musiciens,
« à l'égard des tons, comme de la numération des jours: tel jour,
« qui est le dixième pour les Corinthiens, est le cinquième pour
« les Athéniens, et, pour d'autres, le huitième. Ainsi, les uns
« disent que le plus grave des tons est l'hypodorien ; que le mixo-
« lydien se place à un demi-ton au-dessus, le dorien encore à
« un demi-ton plus haut, et successivement, à l'intervalle d'un
« ton vers l'aigu, le phrygien et le lydien. Plusieurs ajoutent au
« grave le trope qui se rapporte à la flûte hypophrygienne. D'autres,
« se guidant d'après les diverses espèces de flûte, veulent que les
« trois tons les plus graves : l'hypophrygien, l'hypodorien et le
« dorien soient séparés l'un de l'autre par trois quarts de ton ; pour
« eux, le phrygien reste à la distance d'un ton du dorien, le lydien
« n'est plus qu'à trois quarts de ton au-dessus du phrygien, de
« même que le mixolydien du lydien. Quant aux motifs qui les
« ont décidés à fixer de cette façon les intervalles qui séparent les
« tons, ils ne les ont pas expliqués. On verra par la suite de
« ce traité tout ce que renferme d'irrégulier et d'inutile le ré-
« sumé qui précède [1]. »

Nous trouvons là une preuve irrécusable du désordre qui s'était introduit dans les principes et la pratique de la musique. Une confusion extrême régnait non-seulement dans la position respective et même dans l'état constitutif des tropes, mais aussi dans l'application de leurs anciennes dénominations. M. Vincent dit que cette confusion commençait à s'établir du temps d'Aristoxène [2], et il est hors de doute qu'elle datait d'une époque bien antérieure. C'est au milieu de ce bouleversement général dans les éléments fondamentaux de l'art, qui devait amener une véritable régénération musicale, qu'a fini par prévaloir la doctrine de la conjonction des tétracordes. De cette doctrine émana le système immuable avec ses

[1] Aristoxenus, p. 37-38.
[2] J. H. A. Vincent, Notice, etc. p. 100.

tropes régulièrement constitués, et ce n'est que longtemps après, par suite de l'abandon des variétés dorienne et phrygienne du genre diatonique, qu'Aristoxène a pu imaginer sa nouvelle théorie.

Nous sommes arrivé à la seconde époque de l'histoire de la musique, celle où les tropes antiques furent mis à l'écart, et en terminant l'exposé qui les concerne, nous dirons avec Aristide Quintilien : « En voilà assez sur les systèmes que les anciens ap-« pelaient les principes des mœurs. » (*Principia morum*[1].)

Quelque confus et parfois peu compréhensibles, pour nous autres musiciens, que soient les renseignements contenus dans l'extrait ci-dessus des Éléments harmoniques, ils seront d'un grand poids dans la solution de la question, en ce qui concerne cette nouvelle période de l'art, ainsi qu'on le verra par les déductions suivantes.

En premier lieu, l'adjonction du mot *hypo* à la qualification d'un trope plagal cesse d'être le signe de son acuïté et devient celui de sa gravité.

En second lieu, c'est le trope *dorien*, et non plus le *lydien*, qui se place à un demi-ton au-dessus du mixolydien et à un ton au-dessous du phrygien. Le lydien, enfin, à l'intervalle d'un ton au-dessus de celui-ci, est substitué au dorien et se trouve le plus aigu.

La position diatonique des trois tropes fondamentaux : dorien, phrygien et lydien, telle qu'elle était dans l'ancienne musique, fut donc intervertie dans la nouvelle. Les artistes qu'Aristoxène a désignés comme ayant adopté ces modifications ont par là commencé l'ère des transformations musicales qui donnèrent naissance à d'autres principes. Pourrait-on contester ce fait, si grave dans l'histoire de la musique, en présence des théoriciens, qui sont unanimes quand ils traitent de la formation, de la situation respective et des dénominations, d'une part, des vieilles

---

[1] Aristides Quintilianus, p. 18.

octaves, et de l'autre, des tropes que je suis obligé d'appeler *nouveaux* par opposition?

Consultons l'Introduction de l'art musical de Bacchius le Vieux, le plus pratique de tous les écrivains sur la matière.

Le système de Bacchius, puisqu'il en avait un particulier, de même qu'Aristoxène et Alypius, ne comprend que les sept tropes qui sont désignés dans le tableau ci-après et auxquels j'ajoute l'indication du degré qu'il attribue à chacun d'eux. L'échelle de ces degrés, et c'est une rencontre assez singulière que je noterai en passant, est exactement conforme à la gamme de Momigny, à laquelle j'ai déjà fait allusion et que j'ai dotée du nom de *mélodique*[1].

N° 61.

TABLEAU
DES SEPT TROPES DE BACCHIUS LE VIEUX[2].

AIGU.	TROPES.	LEUR POSITION SUR LE DIAGRAMME.	
↑	*Mixolydien*	le plus aigu sur le........	si
	Lydien	un demi-ton plus bas sur le....	la
	Phrygien	un ton plus bas sur le........	sol
	Dorien	un ton plus bas sur le........	fa
	Hypodorien	un demi-ton plus bas sur le....	mi
	Hypophrygien	un ton plus bas sur le........	ré
↓	*Hypolydien*	un ton plus bas sur.........	ut
GRAVE.			

Quelques pages plus loin, Bacchius le Vieux indique les diverses espèces de quartes, de quintes et d'octaves. Puis, quand il fait l'énumération des espèces d'octaves dont il donne les antiques dénominations, il les représente telles qu'elles sont disposées

---
[1] Momigny, *Cours complet d'harmonie et de composition*. Paris, 1806, t. I", p. 25.
[2] Bacchius Senior, p. 12-13.

dans le tableau suivant, qui se rapporte à l'exemple n° 21 (p. 60) de ma quatrième étude.

N° 62.

TABLEAU
DES ANCIENNES OCTAVES[1]
(D'APRÈS BACCHIUS LE VIEUX).

GRAVE.	OCTAVES.	LEUR POSITION DANS LE DIAGRAMME.	
	Mixolydienne........	la plus grave sur le.........	si
	Lydienne..........	un demi-ton plus haut sur l'....	ut
	Phrygienne........	un ton plus haut sur le........	ré
	Dorienne.........	un ton plus haut sur le........	mi
	Hypolydienne.......	un demi-ton plus haut sur le....	fa
	Hypophrygienne......	un ton plus haut sur le........	sol
▼	Hypodorienne.......	un ton plus haut sur le........	la
AIGU.			

Dans le premier tableau (n° 61), les tropes de Bacchius le Vieux vont de l'aigu au grave; dans le second (n° 62), les anciennes octaves vont du grave à l'aigu; l'ordre non-seulement des dénominations, mais des intervalles, est entièrement renversé.

Pour qu'une mutation aussi importante ait eu lieu, il faut admettre, avec Aristoxène, qu'à une certaine époque les musiciens ne s'entendaient plus, ni sur les genres, ni sur les tropes, ni sur leurs dénominations, et qu'ils les disposaient ou changeaient à leur fantaisie.

Ce désordre, dans les principes de la musique, disparut avec le système immuable sur lequel se constituèrent les octacordes nouveaux, composés non plus de la réunion d'un tétracorde et d'un pentacorde, mais de deux tétracordes conjoints suivis d'une note

[1] Bacchius senior, p. 18-19.

ajoutée au grave, et qui détermina la formation des tropes fondamentaux et plagaux. Depuis l'établissement de ce système, basé sur des éléments si différents de ceux de la musique des siècles précédents, la position du trope lydien à l'aigu et celle du dorien au grave du phrygien ont été fixées d'une manière définitive, à l'inverse de ce qui s'était pratiqué jusqu'à cette époque. Il n'existe pas de dissentiment sur ce point parmi les auteurs.

Ce n'est donc pas là, certes, un de ces cas qui ont pu autoriser J. J. Rousseau à dire : «Comment s'assurer de la vérité parmi «tant de contradictions, soit dans la doctrine des auteurs, soit «dans l'ordre des faits qu'ils rappellent[1]. Non contents de se con-«tredire entre eux, chacun d'eux se contredit lui-même[2].» Comme tous les commentateurs, J. J. Rousseau a confondu les époques; de là les contradictions qu'il se plaît à signaler.

Et qu'on ne vienne pas m'objecter que les divisions tétracordales des tropes pouvaient bien ne pas résulter du degré qui leur était affecté sur le système. Ce serait vraiment faire trop bon marché de la règle posée par Aristide Quintilien pour la formation des diverses espèces d'octaves (voir ci-dessus, p. 202), règle tellement rationnelle, comme principe constitutif, qu'il eût fallu être dépourvu de tout bon sens pour ne pas la respecter dans l'établissement des tropes fondamentaux d'après le système immuable. Si cette règle eût été changée, il l'aurait constaté.

A chaque instant, le même auteur parle de la gravité des tropes dorien et hypodorien. Il dit ici : «que le trope hypodorien «est le plus grave des tropes[3];» là, «que sa proslambanomène «est la plus grave des notes;[4]» plus loin, «qu'il y a en principe «trois tropes : le dorien, le phrygien et le lydien; que le dorien «est propre aux voix les plus graves, le lydien aux voix les plus

---

[1] J. J. Rousseau, *Dictionnaire de musique*. Lefèvre, Paris, 1819, t. II, p. 295.

[2] *Idem*, p. 295.

[3] Aristides Quintilianus, p. 25.

[4] *Idem*, p. 24.

« aiguës et le phrygien aux voix moyennes[1]; » enfin, « que le do-
« rien étant le plus grave, c'est celui qui convient le mieux aux
« mœurs viriles[2]. »

Je puis alléguer, en faveur de mon sentiment, des considérations d'un autre genre, en m'emparant d'un passage de Plutarque,
dont l'interprétation répandra une nouvelle lumière sur la discussion.

« Il est visible, dit ce grand historien, que ce n'est point par
« ignorance que les anciens, dans le trope dorien, s'abstenaient
« d'employer le tétracorde des *hypates*, car ils s'en servaient dans
« tous les autres. Ils le retranchaient de ce trope, dont ils admi-
« raient la beauté, pour en conserver le caractère dans toute sa
« pureté[3]. »

D'après l'exemple que j'ai donné du trope dorien (page 48),
ce tétracorde se compose de *ut, si, la, sol*. Avec la proslambanomène *fa* qui le suit, il produit un triton *si, la, sol, fa*, dont on
ne pouvait éviter la série dissonante que par la suppression d'une
note et généralement du *si*, première note variable du tétracorde.
Au dire de Plutarque, on ne se contentait pas de cette suppression, on allait jusqu'à retrancher le tétracorde tout entier, et,
comme conséquence, la proslambanomène; ce qui n'avait jamais
lieu dans les autres tropes.

L'origine de l'exclusion du quatrième tétracorde constitutif du
trope dorien se révèle ici avec une parfaite évidence, puisque
l'octave au grave de la note conjonctive, au moyen de laquelle le
triton aurait pu être modifié, n'entrait pas dans la combinaison du système. Les difficultés qu'on rencontrait en composant
une mélodie, quand on voulait la poursuivre à travers ce tétra-

---

[1] Aristides Quintilianus, p. 21.
[2] *Idem*, p. 96.
[3] « Plutarchi scripta moralia, » g. et f. *De musica*. Paris, Amb. F. Didot, 1841,
t. II, p. 1390. — Le nom d'*hypates* était donné aux quatre sons du quatrième tétracorde constitutif des tropes, celui qui était le plus grave, et c'est pour cela qu'on
l'appelait le tétracorde des *hypates*.

corde pour conclure sur la proslambanomène, ont déterminé le retranchement intégral du tétracorde et de la note ajoutée, et, si cette suppression n'était pas usitée dans les tropes phrygien et lydien, c'est parce que l'adjonction de la proslambanomène à leur tétracorde grave n'occasionne pas de triton.

Quelle est donc la cause productrice du triton? Il est clair qu'elle résulte de la position du demi-ton à l'aigu, dans le tétracorde qui précède la proslambanomène ou la mèse des diagrammes grecs. Quand ce demi-ton est placé au milieu ou au grave des deux tons, il ne peut y avoir de triton; ce qui est démontré par les tropes que j'appelle phrygien et lydien. Ainsi Plutarque, en nous signalant la règle du retranchement du quatrième tétracorde dans le trope dorien, nous fait connaître implicitement que les tétracordes de ce genre se formaient avec le demi-ton à l'aigu, et que ce trope était le plus grave des trois tropes fondamentaux.

Il est temps de passer à la troisième époque de l'art musical en Grèce, qui se rapporte au IVe siècle avant l'ère vulgaire, où vécurent Aristoxène et Alypius.

Les genres dorien et phrygien étaient tombés en désuétude, leurs mâles et énergiques accents ne s'accordaient plus avec la mollesse et la dépravation des mœurs; ils n'étaient encore employés que par de rares adeptes qui ne voulaient pas renoncer aux anciennes mélodies. On ne s'inspirait plus que du genre lydien, qui se prêtait mieux aux émotions sensuelles et lascives, et, les notations dorienne et phrygienne étant abandonnées, on se servait uniquement de la notation lydienne.

Ce fut à cette époque qu'Aristoxène composa son système, qui n'eut pour principe diatonique que le genre lydien, dont le tétracorde a le demi-ton au grave. Il ne parle même pas des formes dorienne et phrygienne qu'on pouvait appliquer à ce tétracorde[1].

C'est aussi d'après le genre diatonique lydien qu'Alypius note

---

[1] Aristoxenus, p. 50-51.

ses quinze tropes[1], dont les treize plus graves, suivant Aristide Quintilien, coïncidaient avec ceux d'Aristoxène[2].

C'est encore le seul genre que semble admettre, comme diatonique régulier, l'auteur anonyme du Manuel de l'art musical théorique et pratique, qui fait partie des manuscrits traduits et publiés par M. Vincent.

Ces auteurs placent le lydien à l'aigu et le dorien au grave du phrygien; mais les dénominations de tropes avaient perdu leur application constitutive; elles n'avaient plus d'autre objet que d'indiquer la position plus ou moins aiguë ou grave des tropes, qui tous se composaient de tétracordes semblables.

Le chapitre xi du traité anonyme que je viens de citer est intitulé : *Des tropes en général et en particulier du trope lydien*. En voici le premier paragraphe :

« La musique est une science composée de plusieurs parties, « dont l'une est l'harmonique, et celle-ci se subdivise en quinze

---

[1] Alypius, pages 3 et suiv. — J. H. A. Vincent, *Notice, etc.* p. 73. — De la Salette, *Considérations sur les divers systèmes de la musique ancienne et moderne*. Paris, Goujon, 1810, t. Ier, p. 146, 166 et suiv.

[2] Aristides Quintilianus, p. 22-23. — Suivant cet auteur, l'addition des 14e et 15e tropes aurait été faite postérieurement à Aristoxène (*a junioribus*); mais il est possible que l'*Introduction musicale* lui ait été inconnue, et ce qui le prouverait c'est que, comme Plutarque, il ne nomme pas Alypius. N'y a-t-il pas bon nombre de manuscrits qui sont restés enfouis et ignorés pendant des siècles, avant de voir le jour? Dans mon opinion, Alypius aurait affecté à ses quinze tropes les dénominations adoptées par la généralité des musiciens du temps de Périclès, et comme la notation en est exclusivement lydienne, ce dut être à l'époque où le genre lydien avait prévalu sur le dorien et le phrygien. Or cette époque ne saurait être que celle d'Aristoxène, car, après ce philosophe, l'art musical subit de nouvelles modifications qui firent éclore de nouvelles théories. N'est-ce pas là le point capital de la question? Cassiodore est le premier écrivain qui ait cité Alypius, probablement parce qu'il aura eu un de ses manuscrits sous la main, et dans l'ordre où il rappelle les noms de plusieurs théoriciens sur la musique, il le place même avant Euclide, contemporain d'Aristoxène. C'est le seul renseignement qui puisse nous guider pour déterminer le siècle où vécut Alypius; pourquoi ne pas l'accepter, quand, pour le contredire, il faut avoir recours à de pures conjectures? — M. Aurelii Cassiodori *Opera omnia quæ extant; de Musica*, p. 1325. *Maxima Bibliotheca veterum patrum et antiquorum scriptorum*. t. XI. *Lugduni, apud Anissonios*, 1667.

« tropes, dont le premier est le lydien¹. » L'auteur paraît ici copier
Alypius, qui, dans la courte préface de ses tables, appelle également le lydien le premier des tropes². Plus loin, il dresse le tableau des notes et des intervalles du trope lydien³, et ces intervalles sont justement les mêmes que ceux d'après lesquels il décrit ensuite le système immuable⁴, tel que je l'ai reproduit (page 44), en me conformant, entre autres, aux indications de Nicomaque, qui sont d'une précision remarquable⁵.

Le chapitre IX, *Des divers diapasons de la voix humaine*, commence ainsi :

« L'étendue de la voix humaine comprend un intervalle de trois
« octaves; mais, comme les sons les plus graves sont difficilement
« appréciables à l'oreille et que les plus aigus sont d'une émission
« pénible, nous retranchons tant à une extrémité qu'à l'autre la
« valeur totale d'une octave, et nous chantons les deux octaves
« qui restent dans le médium et y occupent la place du trope
« lydien. En descendant d'une quarte, on obtient le trope hypo-
« lydien, et, au contraire, en remontant d'une quarte, on obtient
« le trope hyperlydien⁶. »

Ces nombreuses citations ne prouvent-elles pas la solidité du principe que j'ai posé, en déclarant que le trope lydien, le premier, le principal des tropes, concordait avec le système immuable et qu'il se plaçait à l'aigu des tropes phrygien et dorien? M. Vin-

---

[1] Anonyme : J. H. A. Vincent, *Notice, etc.* p. 33.
[2] Alypius, p. 2.
[3] Anonyme; J. H. A. Vincent, *Notice, etc.* p. 36.
[4] *Id. ibid.* p. 40.
[5] Nicomachus, p. 22-23. — Je me réfère à cet auteur pour la première fois et ce sera la dernière. Son traité n'est qu'un développement du système de Pythagore, sur lequel je n'ai pas jugé à propos de m'expliquer. Par un motif analogue, je n'ai pas parlé des ouvrages de Boëce et de Pachymere, qui sont d'une date bien plus récente. Quant au système de Ptolémée, il n'a aucun rapport avec les règles élémentaires de la musique au temps de Périclès, et je n'avais pas à m'en occuper.
[6] Anonyme; J. H. A. Vincent, *Notice, etc.* p. 31. Ce passage, d'après M. Vincent, ne serait pas du même auteur ; mais il n'en fait pas moins partie du manuscrit.

cent ne se serait donc pas trompé en l'appelant « le trope fondamental de tout le système harmonique[1]. »

Que résulterait-il enfin de la doctrine de l'honorable membre
de l'Institut? Ce ne serait plus le dorien, ce genre viril et solennel dont le tétracorde avait le demi-ton à l'aigu, mais le lydien,
ce genre efféminé et voluptueux, dont le tétracorde avait le demi-
ton au grave, qui aurait été délaissé ainsi que le phrygien! Le
dorien aurait seul survécu aux deux autres! Est-ce admissible?

Comme on ne se servait plus que de notes lydiennes, M. Vincent, pour ne pas se déjuger, en est réduit, au sujet du chant de la
première pythique de Pindare à Hiéron, à déclarer que ce chant
est en mode dorien, quoique écrit d'après la notation lydienne[2].
Je lui en demande pardon, mais n'y a-t-il pas là une espèce d'ana-
chronisme? Pour moi, le chant de la première pythique de Pindare, noté avec des signes lydiens[3], est et doit être dans le genre
diatonique lydien, celui dans lequel le demi-ton est au grave du
tétracorde: il est conforme à l'échelle de ce genre, et sa cadence
finale a lieu régulièrement sur la proslambanomène ou la mèse.

N° 63. CHANT DE LA PREMIÈRE STROPHE DE LA PYTHIQUE DE PINDARE, A HIÉRON[4].

Je n'aurais plus rien rien à dire sur la question, si je ne croyais

[1] J. H. A. Vincent, *Notice*, etc. p. 141.
[2] *Idem*, p. 156.
[3] *Idem*, p. 141. — Les seuls morceaux qui nous soient restés de la musique ancienne
sont tous écrits avec les mêmes signes.
[4] *Idem*, p. 156. — J'ai reproduit ce chant tel que M. Vincent l'a noté; mais, dans le
rhythme qu'il lui a appliqué, il eût mieux fait, à mon avis, et c'eût été facile, d'éviter
un repos sur le *sol* de la huitième mesure, cette note étant une note variable.

devoir faire observer que ce n'est pas seulement sur la constitution des tropes dorien et lydien que portent les dissentiments des auteurs modernes. Ainsi, Perne et M. Fétis, entre autres, dont les écrits méritent de grands égards, veulent que, dans le tétracorde dorien, le demi-ton soit au milieu des deux tons, c'est-à-dire qu'ils appellent dorien le tétracorde que M. Vincent et moi nous nommons phrygien [1]. et, d'après eux, le tétracorde phrygien aurait son demi-ton au grave. J'ignore sur quels documents ces deux écrivains s'appuient pour se mettre aussi directement en opposition avec les plus sérieux commentateurs. Le contenu de cette note me semble une réfutation suffisante de leur doctrine pour me dispenser de la discuter. Cependant, comme je suis ici en face de deux savants musiciens, je me permettrai la remarque suivante comme démonstration complémentaire de leur erreur.

Le trope phrygien était usité dans la musique guerrière, parce que c'était le seul sur lequel pouvait porter le jeu des trompettes [2]. Or, on sait que les instruments formés d'un tube métallique, sans trous ni clés, peuvent donner par l'insufflation non-seulement les harmoniques consonnants d'un son générateur, c'est-à-dire l'accord parfait majeur et l'octave, mais, plus difficilement, il est vrai, la septième mineure, le premier des harmoniques dissonants. Il est donc probable que les trompettes grecques, dont le tube, insensiblement conique et surmonté d'un pavillon, était ou droit ou légèrement recourbé, permettaient d'obtenir cette septième mineure, outre les trois notes de l'accord parfait majeur; et ces quatre notes ne se rencontrent, à partir de la proslambanomène ou de la mèse, que dans le trope composé de tétracordes dont le demi-ton est au centre. La division tétracordale du genre phrygien me semblerait, par là, matériellement expliquée.

---

[1] Fétis, *Biographie universelle des musiciens: Résumé philosophique de l'histoire de la musique*. Meline, Caus et Cie, Bruxelles. 1837, t. I, p. cx. — Perne, *Revue musicale*. A. Mesnier, 1829, t. IV, p. 222.

[2] *Athenæi Naucratitæ Deipnosophistarum*. etc. lib. IV. t. II. p. 197.

NOTE I.

N° 64. EXEMPLE DÉMONSTRATIF.

Je m'étendrai plus tard sur ce que les Grecs appelaient le caractère moral des tropes, et notamment sur celui du genre diatonique lydien, comme je le comprends (voir p. 159-161), car l'opinion que je me suis faite, au sujet de sa véritable formation tétracordale, a pris naissance dans les sensations mélodiques qu'il éveillait en moi. Ce n'est qu'ultérieurement que j'ai cherché, et crois avoir trouvé, un ensemble d'arguments qui m'a convaincu que mes impressions premières m'avaient bien dirigé.

Dans le cours de mes spéculations, une réflexion m'est venue si souvent à l'esprit que je ne puis m'abstenir de la consigner ici.

Les théoriciens qui nous ont fait connaître les anciennes octaves (je classe parmi eux l'auteur de l'Introduction harmonique), sont tous postérieurs à l'avénement du Christ, et ils n'ont pu s'édifier sur leur formation en consultant les Éléments harmoniques d'Aristoxène, puisque, dans ce traité, il n'en est nullement question. Ils n'avaient à leur disposition que des traditions qui dataient de plus de mille ans, et des traditions aussi vieilles ont dû se corrompre pendant une période aussi longue.

Ne serait-il pas possible qu'à l'époque des anciennes octaves, la coutume eût été de noter la musique, de supputer les intervalles et de déterminer la position respective des tropes, en plaçant l'aigu en haut et le grave en bas, dans un sens, enfin, diamétralement inverse de celui qui depuis a été pratiqué? Un fait aussi considérable dans l'histoire de la musique ne serait-il pas tombé dans l'oubli en traversant les siècles? Dans cet ordre d'idées, les théoriciens auraient raisonné sur des indications dont ils n'avaient aucun moyen de vérifier l'exactitude, et cherché à combler une lacune qu'Aristoxène, lui-même, s'était contenté de signaler. Le plus ancien d'entre eux, s'appuyant sur de fausses données, a pu commettre une erreur capitale dans ses appréciations, et ceux qui écrivirent après lui l'auraient copié servilement. D'un autre côté, l'emploi d'un mot qu'on traduisait en latin par *acumen* (le haut, le sommet), pour signifier la partie la plus basse, la plus grave, de l'échelle musicale, n'a-t-il pas dû exposer les commentateurs, et peut-être même les auteurs, à de fâcheuses méprises?

Si les conjectures que j'avance étaient fondées, toute contradiction disparaîtrait entre l'antique et la nouvelle musique, entre les qualifications, de même qu'entre les échelles diatoniques des anciennes octaves et des tropes du système immuable. Grote, ce savant historien de la Grèce, aurait donc eu raison de dire : « Trois « modes musicaux primitifs furent employés par les Grecs, *à l'é-* « *poque la plus reculée*, sur laquelle des auteurs plus récents ont pu « trouver quelques renseignements : le lydien, qui était le plus « aigu, le dorien, qui était le plus grave, et le phrygien inter- « médiaire entre les deux, la note la plus élevée du lydien étant « plus haute d'un ton, et celle du dorien d'un ton plus basse que « la note la plus élevée de la gamme phrygienne [1]. »

Je laisserai de côté ces dernières observations, et, pour conclure, je résumerai les points principaux d'une discussion à laquelle, malgré moi, j'ai donné des proportions si étendues.

A la première époque, celle du système des anciens tropes, l'octave lydienne, placée au-dessous de la phrygienne, a son tétracorde formé avec le demi-ton à l'aigu: l'octave dorienne, au-dessus de la phrygienne, a son tétracorde formé avec le demi-ton au grave.

A la deuxième époque, celle du système immuable, le trope

---

[1] G. Grote, *Histoire de la Grèce depuis les temps les plus reculés jusqu'à la fin de la génération contemporaine d'Alexandre le Grand*. Trad. de l'Anglais par A. L. de Sadous. Paris, 1865, librairie internationale, t. IV, p. 285-6.

lydien se pose à l'aigu et le dorien au grave du phrygien: dans le tétracorde du premier, le demi-ton est au grave, et dans celui du second, à l'aigu; la constitution des tropes continue, comme celles des anciennes octaves, à dépendre du degré qu'ils occupent sur le système.

A la troisième époque, celle où la théorie d'Aristoxène commence l'ère des grandes perturbations musicales, les variétés dorienne et phrygienne du tétracorde diatonique sont abandonnées: il n'y a plus qu'un seul genre diatonique régulier, celui du tétracorde lydien, qu'on applique à tous les tropes; et les anciennes dénominations de ces tropes, cessant d'avoir une signification constitutive, ne servent plus qu'à déterminer leur degré plus ou moins grave ou aigu.

Telles sont les considérations auxquelles j'ai dû m'arrêter, après l'étude que j'ai faite des ouvrages du temps, et qui me paraissent justifier les principes que j'ai adoptés dans mon travail sur la Musique grecque.

NOTE II.

Des origines de la tonalité harmonique et de la gamme chromatique.

Au point de vue scientifique, Rameau, l'immortel Rameau, est le plus grand génie musical qui ait jamais existé. N'est-il pas le fondateur de l'harmonie moderne? Il n'aurait découvert que le principe du renversement des accords, que ce serait déjà un immense service rendu à l'enseignement de l'art. Mais l'idée de la formation de l'accord parfait majeur à l'aide des harmoniques consonnants d'un son générateur [1], comme point de départ d'une théorie rationnelle, est son plus beau titre de gloire.

Il est vrai que, dans les ramifications de sa doctrine, cet illustre musicien s'est parfois égaré, et que ses raisonnements, assez confus, l'ont entraîné à des déductions peu logiques. Quoi qu'il en soit, il est le premier qui ait ouvert la voie à la science, en déterminant ses éléments fondamentaux, et on doit s'étonner que cette voie n'ait pas été poursuivie et élargie par ceux qui comprennent et admirent ses hautes conceptions.

Je commencerai par formuler les deux règles principales qui découlent du système de Rameau.

La tonalité harmonique a pour bases trois sons générateurs accompagnés de leurs harmoniques consonnants, en d'autres termes, trois accords parfaits majeurs, placés à l'intervalle de quinte, dont l'accord médiaire est le principal, c'est-à-dire l'accord tonal (exemple A ci-après).

La gamme harmonique (exemple C) résulte de la réunion par degrés conjoints, au moyen de la suppression des octaves, des

---

[1] Rameau, *Traité d'Harmonie*. Paris, Ballard, 1722. — *Génération harmonique*. Paris, Brault, 1737.

sons composant ces mêmes accords, savoir : l'accord tonal, son accord inférieur transposé à l'octave aiguë, et son accord supérieur avec la transposition de sa quinte à l'octave grave (exemple B). Par cette opération, la tonique et la dominante sont doublées, et ce doublement constitue la prédominance qui leur appartient dans la tonalité, comme celle de la mèse dans l'heptacorde grec provenait de sa fonction de note commune aux deux tétracordes conjoints.

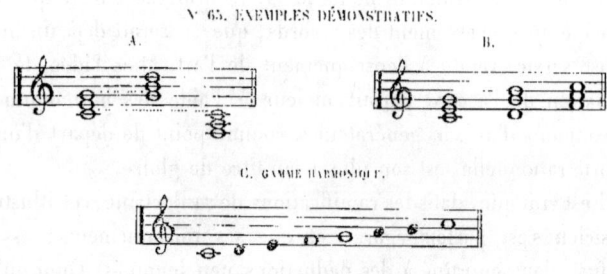

N° 65. EXEMPLES DÉMONSTRATIFS.

A.   B.

C. GAMME HARMONIQUE.

On ne saurait inventer rien de plus simple, rien de plus explicite que cette double démonstration de la tonalité et de la gamme majeures.

Si, dans la résonnance d'un corps sonore, nous discernons aisément les harmoniques consonnants, c'est, je l'ai dit, à cause des rapports plus ou moins concordants qui existent entre leurs vibrations et celles du son générateur. Mais en même temps se font sentir une myriade d'autres sons qui se croisent en s'entrechoquant, et dont la distinction est bien difficile, pour ne pas dire souvent impossible. La multiplicité de ces harmoniques dissonants, en raison du chatoiement presque insaisissable qui en résulte, paraîtrait avoir pour destination d'atténuer ce que le son générateur pourrait avoir de trop sec, de trop tranché, et d'en adoucir en quelque sorte les contours par un murmure doux et indéfini.

Dans ce murmure, si onduleux, si vague, on a déjà reconnu

la septième mineure, et je me disais qu'il pourrait bien s'y rencontrer aussi un autre point suffisamment déterminé qui équivaudrait à la neuvième mineure. La question sur laquelle je méditais serait alors résolue.

Il me fallait recourir à des expériences acoustiques, et, pour m'aider dans mes recherches, je n'avais qu'un piano droit, datant de 1834, qui, par suite de la siccité des matériaux dont il est composé, a fini par acquérir une sonorité extrême. Cette circonstance me fut favorable, et je n'aurais pu faire un meilleur choix. L'air est mis plus facilement en mouvement par les vibrations procédant d'une corde pincée ou heurtée, que par celles qui proviennent du choc d'un diapason, ou de l'insufflation dans un tube métallique ou ligneux. Les oscillations de la corde sont moins concentrées, plus indépendantes, plus accentuées, et à la fois plus moelleuses et plus douces.

Au milieu des essais auxquels je me suis livré, j'ai fait les remarques suivantes.

Si un son générateur est trop grave ou trop aigu, ses harmoniques cessent d'être appréciables; il ne s'ensuit pas, toutefois, que les sons moyens soient ceux qui se prêtent le plus à leur développement.

Dans la résonnance d'un son, il y a toujours un harmonique plus retentissant que les autres. Pour les sons moyens, le *la* du diapason normal, par exemple, cet harmonique sera celui qui est le plus rapproché du générateur dans l'ordre de production, soit l'octave. Au fur et à mesure que l'on descendra vers le grave, l'harmonique perceptible se portera vers l'aigu; ce sera d'abord la quinte, puis la tierce majeure, etc. etc. Il variera cependant d'après le degré de force donné au son générateur. Pour que l'expérience se fasse avec régularité, il convient donc que les sons générateurs n'aient pas plus d'intensité les uns que les autres.

Étant bien pénétré de ces faits, j'ai touché, d'abord, l'*ut* médiaire du clavier; puis, par voie descendante, le *sol*, à l'intervalle

NOTE II.

de quarte; ensuite l'*ut*, à l'intervalle de quinte du *sol*, et ainsi en continuant vers le grave de quarte en quinte. Les harmoniques que j'ai distingués au milieu des autres sont indiqués, dans le tableau ci-après, avec les intervalles consonnants ou dissonants qu'ils forment avec les sons générateurs; les cinq premiers, et il n'en pouvait être autrement, sont d'accord avec les faits acoustiques admis jusqu'à présent: le sixième fut la seconde ou neuvième mineure, dont j'avais eu l'intuition.

N° 66.

TABLEAU

DES HARMONIQUES LES PLUS PERCEPTIBLES

DANS UNE SÉRIE DE SONS GÉNÉRATEURS

SE SUCCÉDANT, DE QUARTE EN QUINTE, PAR VOIE DESCENDANTE.

AIGU.	SONS GÉNÉRATEURS.	HARMONIQUES PERCEPTIBLES.	GRAVE.
↑	*ut*. médiaire.	*ut*, tonique de la 2ᵉ octave.	
	1ᵉʳ *sol*.	*ré*, quinte de la 2ᵉ octave.	
	2ᵉ *ut*.	*mi*, tierce majeure de la 3ᵉ octave.	
	2ᵉ *sol*.	*fa*, septième mineure de la 3ᵉ octave.	
	3ᵉ *ut*.	*sol*, quinte de la 4ᵉ octave.	
↑	3ᵉ *sol*.	*la* ♭, seconde mineure de la 5ᵉ octave.	↓
GRAVE.			AIGU.

N° 67. TRADUCTION DE CE TABLEAU EN NOTES MUSICALES.

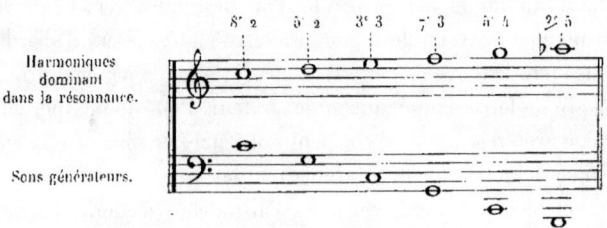

Harmoniques dominant dans la résonnance.

Sons générateurs.

Cette seconde mineure de la cinquième octave, ou neuvième mineure de la quatrième, je déclare que je l'entends et que je l'ai fait entendre à de nombreux amis. Peut-être n'en soulèvera-t-elle pas moins contre moi les physiciens, qui m'opposeront les expériences faites sur le monocorde et sur les remarquables instruments d'acoustique construits et en partie inventés ou perfectionnés par l'habile et savant ingénieur M. Kœnig. Ils me signaleront encore les travaux du célèbre professeur Helmholtz, travaux que je regrette de ne pas connaître. Resterai-je interdit en face d'objections aussi solennelles? Nullement. Le raisonnement, même appuyé de données expérimentales, n'aura jamais sur moi autant d'autorité que la sensation. Je perçois; donc cela est.

A la vérité, les deux harmoniques dissonants peuvent n'être pas d'une justesse rigoureuse, mais, s'ils subissent une légère dépression, c'est que leur résonnance est en grande partie combattue par celle bien plus puissante des harmoniques consonnants, dont notre ouïe est plus directement affectée; c'est qu'ils se produisent à des intervalles très-éloignés de leurs générateurs; c'est, avant toute chose, que, le son n'étant qu'un effet obtenu par un instrument sorti d'une main humaine, il doit être nécessairement imparfait.

Lorsque Sauveur [1], Estève [2] et autres, dans le siècle dernier, se livraient à l'étude du monocorde et des harmoniques, les instruments dont ils se servaient avaient moins de sonorité que ceux qu'on fait à présent; et, pour eux, la septième mineure devait, je n'en doute pas, être plus basse que pour nous, aujourd'hui. Le fa^3, que fait résonner le 2e sol sur mon vieux piano, approche tellement de la justesse que j'ai vu des musiciens très-exercés, très-délicats, l'admettre sans la moindre hésitation comme juste. La dépression du son est en tous cas si minime, qu'elle est loin d'at-

---

[1] Sauveur, *Mémoires de l'Académie des sciences*. Paris, 1700-1713.

[2] Estève, *Nouvelle découverte du principe de l'harmonie*. Paris, Huart et Moreau fils, 1751.

teindre un demi comma. Celle du *la* -⁵ est plus sensible, mais ne l'est pas assez pour ne pas bien préciser le degré qui lui est dévolu. Il convient d'ailleurs de remarquer que la corde qui l'engendre n'a ni une longueur ni une grosseur qui soient en rapport avec sa fonction résonnante, comparativement à celles des sons générateurs supérieurs. Ce défaut, dans les pianos droits surtout, a pour cause le besoin qu'ont les facteurs d'en réduire l'étendue.

Je m'étais donc décidé à faire faire un instrument *ad hoc*, formé d'une table d'harmonie garnie de sept cordes, dont les dimensions en longueur et diamètre eussent été proportionnées au nombre des degrés chromatiques que comprennent les intervalles auxquels se forme l'harmonique le plus distinct dans la résonnance des sons générateurs. Je chiffre ces degrés dans l'exemple démonstratif suivant. Le mode de numération que j'adopte n'est-il pas plus rationnel que celui qu'ont suivi jusqu'à présent les harmonistes et même les physiciens qui, dans la supputation des intervalles, ne font aucune différence entre les tons et les demi-tons?

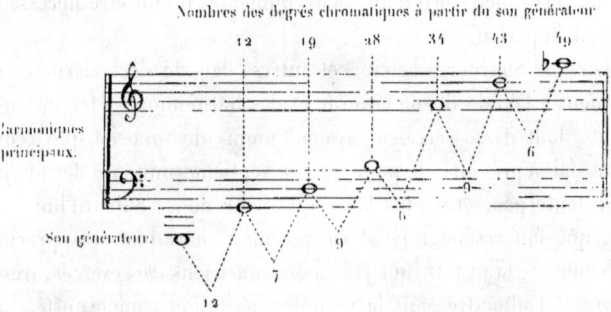

N° 68. EXEMPLE DÉMONSTRATIF.

Si les harmoniques d'un son générateur sont simultanés, chacun de ces harmoniques devient à son tour générateur, et donne naissance à de nouvelles séries d'harmoniques secondaires. On conçoit l'immense confusion qui résulte de l'émergence immédiate de tant de sons de toute nature, et l'impuissance de nos facultés auriculaires, qui ne nous permet d'en distinguer que quelques parties aliquotes. Ce n'était donc que par des moyens artificiels, c'est-à-dire en combinant les causes productrices d'après les effets qu'il y avait lieu d'observer, que je pouvais arriver à la connaissance positive, indiscutable des principaux harmoniques, tant dissonants que consonnants, qui se détachent plus nettement dans la résonnance. Telle était l'idée qui m'inspirait dans l'instrument que j'avais en vue. Malheureusement aucun des fabricants les plus connus d'instruments de précision n'a voulu se charger de l'établir. M. Kœnig, lui-même, s'est vu obligé de m'avouer que, s'il pouvait bien en calculer les proportions, il lui serait impossible de se conformer exactement aux calculs dans l'exécution. Il fallut en prendre mon parti.

Les savants considèrent le monocorde comme devant être, dans ses divisions relatives, la contre-partie de la résonnance naturelle. Par la comparaison des sections nodales qui se déterminent aisément dans la corde vibrante, ils ont été amenés à reconnaître que, pendant que le son générateur sol^1 fait une vibration, le sol^2 en fait deux, le $ré^2$ trois, le si^3 cinq, le fa^3 sept *environ*, le $ré^4$ douze. En poursuivant la progression, le la^5 doit en faire dix-sept, *environ* comme pour le fa^3. Voilà des *à peu près* pour les deux harmoniques dissonants, et je me demande si des *à peu près* analogues n'existeraient pas aussi dans les rapports des vibrations des harmoniques consonnants. Pourquoi vouloir que la production de ces harmoniques réponde scrupuleusement à des nombres non fractionnés, lorsque la série de nos chiffres ne trouve aucune application régulière dans la marche des phénomènes naturels? N'y aurait-il pas des différences infinitésimales dans les combinaisons vibratoires des sons consonnants qui échapperaient à l'expérience comme à notre perception, et qui mettraient les chiffres en désaccord avec elles? Ces différences ne se répartiraient-

elles pas entre tous les harmoniques aussi bien dissonants que
consonnants, de manière à régulariser leur progression ascendante? De quelque côté que nous dirigions notre intelligence, elle
rencontrera des abîmes qu'elle ne pourra jamais franchir. Il doit
en être des harmoniques comme des proportions numériques du
système des pythagoriciens, sur lesquelles on n'a jamais pu s'entendre, et c'est pour cela que d'Alembert, Charles, de Prony et
autres savants ont dit « qu'il était possible que des faits inconnus
jusqu'ici renversassent l'édifice des calculs qu'on a crus exacts, et
que la théorie des véritables rapports des intervalles musicaux était
peut-être encore à faire [1]. »

En nous reportant à l'exemple précédent, n° 68, nous voyons
que les harmoniques perceptibles, à partir du *ré*, quinte du son
générateur, s'établissent alternativement à la distance de neuf et
de six demi-tons. Tout porte à croire que la série ascendante de
ces intervalles se poursuit périodiquement vers l'aigu dans la résonnance naturelle, et qu'elle n'a d'autre limite que l'extinction
du son. Si, par la suppression des octaves, nous rapprochons du
générateur les harmoniques consonnants et dissonants, de manière à en composer une agrégation de tierces, nous obtiendrons
l'accord de neuvième mineure, dit *de dominante*, et nous pourrons
lui adjoindre toutes les tierces mineures supérieures [2] qu'il nous

---

[1] Fétis, *La musique mise à la portée de tout le monde*. Paris, Brandus et Cie, 1847,
p. 131. — Je n'ai pas recherché toutes les origines de cette observation. Je ne citerai
que d'Alembert : « Le rapport de l'octave 1 à 2, celui de la quinte 2 à 3, celui de la
« tierce majeure 4 à 5, etc. ne sont peut-être pas, dit-il, les vrais rapports de la na-
« ture, mais seulement des rapports approchés, et tels que l'expérience les a pu faire
« connaître. Car l'expérience ne donne-t-elle jamais autre chose que des *à peu près*? »
Il ajoute plus loin : « Si les rapports de l'octave, de la quinte et de la tierce majeure ne
« sont pas exactement tels que nous les avons supposés, du moins aucune expérience ne
« peut prouver qu'ils ne le sont pas. » — *Éléments de musique théorique et pratique, suivant les principes de M. Rameau*. Lyon, J. M. Bruyset, 1762. Discours préliminaire,
p. xxx et xxxi.

[2] Dans la progression ascendante de ces tierces mineures, plusieurs devront être
notées comme secondes augmentées; mais j'opère ici sur le tempérament qui attribue à

plaira, sans que l'effet harmonique qui lui est propre éprouve la moindre altération dans son état constitutif.

Maintenant procédons comme nous l'avons fait pour la formation de la tonalité harmonique et de la gamme majeure. Ajoutons les deux harmoniques dissonants aux accords fondamentaux d'*ut*, de *sol* et de *fa*, pour les convertir en accords de neuvième mineure (exemple A ci-après, n° 69); transposons les octaves afin de renfermer les sons dans l'étendue d'une seule octave (exemple B); disposons enfin toutes les notes par degrés conjoints (exemple C), et nous aurons la gamme des douze sons chromatiques, dans laquelle les trois sons générateurs sont doublés.

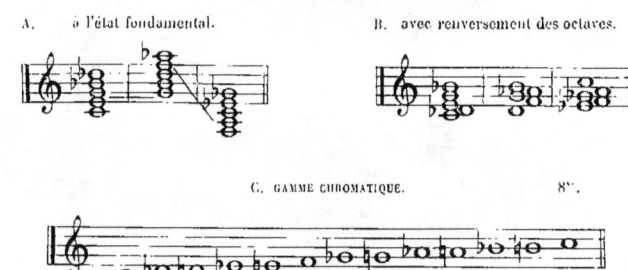

N° 69. EXEMPLES DÉMONSTRATIFS.

ACCORDS DE NEUVIÈME MINEURE :

A. à l'état fondamental.   B. avec renversement des octaves.

C. GAMME CHROMATIQUE.

Dédoubler les trois sons générateurs équivaut à les retrancher. La gamme chromatique résulterait donc exclusivement de la fusion de leur résonnance respective, en d'autres termes de la réunion à l'intervalle de demi-ton de trois accords de septième diminuée, qui, ne contenant ni quinte, ni tierce majeure, ne peuvent avoir aucun effet tonal : c'est pour cela qu'on doit regarder ces accords comme des agrégations de sons essentiellement neutres.

<small>ces deux espèces d'intervalles une égalité parfaite. Harmoniquement on ne doit faire aucune distinction entre elles.</small>

La présente note n'ayant d'autre objet que de mettre en évidence la formation de la gamme chromatique au moyen de l'adjonction des harmoniques dissonants aux harmoniques consonnants des trois sons générateurs de la tonalité majeure, j'arrêterai ici les considérations auxquelles donne matière l'étude de la résonnance naturelle.

NOTE III.

Au sujet de la tolérance mélodique.

Un directeur de théâtre, dans une ville d'Italie, ayant besoin d'un baryton pour compléter sa troupe, admit à concourir deux artistes qui jouissaient d'une grande renommée. Tous deux possédaient une voix vibrante et sympathique, une méthode irréprochable, enfin un talent de premier ordre : aussi plusieurs musiciens et amateurs furent invités à assister à leur combat mélodique. Celui qui se fit entendre le premier fut applaudi, on le félicita sur la pureté et la régularité de son chant ; mais, tout en étant émerveillé de la justesse de ses intonations, l'auditoire était resté froid. En écoutant l'autre, au contraire, dont la voix était loin de paraître aussi bien assise, on fut profondément ému et transporté. Quel était le motif de ce contraste ? C'est que l'un attaquait constamment la note, quelle qu'elle fût, dans son point médiaire, avec une précision des plus rigoureuses, et que l'autre savait user à propos, et avec autant de goût que d'habileté, de la flexibilité des sons qui, dans notre musique, sont assimilables aux notes mobiles des Grecs.

Je ne saurais le proclamer trop haut, la tolérance mélodique est la véritable source de l'expression musicale. Sans elle, un air exécuté avec la plus rare perfection pourra plaire à notre oreille, mais il n'excitera pas en nous ces sensations nerveuses qui ont un charme si électrisant. La même mélodie, jouée sur un violoncelle ou sur un piano, ne nous impressionnera jamais au même degré.

Ce serait une grande erreur de croire que la tolérance mélodique ne s'exerce que sur des sons chromatiques. Elle peut s'appliquer également aux sons diatoniques et même à ceux qui se

232 NOTE III.

succèdent par degrés disjoints, lorsqu'ils servent d'intermédiaires à des sons de repos. Raisonnons sur des exemples :

N° 70. EXEMPLE DÉMONSTRATIF

En réalisant avec votre voix cette simple phrase mélodique, vous entonnerez le *ré*^a un peu plus haut, parce que votre idée est de monter sur le *mi*, et le *ré*^c un peu plus bas, parce que vous savez que vous allez descendre sur l'*ut*. Par les mêmes raisons, vous baisserez faiblement le *fa*^b que vous devez résoudre sur le *mi*, et vous hausserez d'autant le *si*^d pour remonter sur l'*ut* plus aisément.

La note tonale peut elle-même subir des variations analogues.

N° 71. EXEMPLE DÉMONSTRATIF.

En ^a et en ^c, l'*ut* descend sur le *si*, et vous le ferez légèrement plus bas ; en ^b, il monte sur le *ré*, et vous le ferez plus haut. En ^d, vous l'aborderez dans son médium avec la plus grande justesse, puisqu'il forme le repos final.

Les exemples ci-après sont relatifs aux successions par degrés disjoints.

N° 72. EXEMPLES DÉMONSTRATIFS.

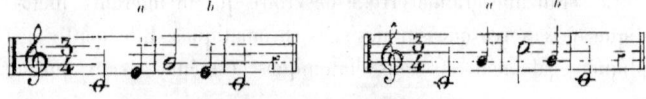

Dans ces successions, vous donnerez peut-être la valeur d'un comma en plus au *mi*^{a} et au *sol*^{a}, et en moins aux mêmes notes ^{b} et ^{b}, attendu que, dans le premier cas, vous allez à l'aigu, et, dans le second, au grave.

Sans doute ces différences d'intonation seront presque insensibles, et il se pourrait que, ni vous qui les exécuterez, ni ceux qui vous entendront, vous ne vous en aperçussiez pas; mais elles ne s'en produisent pas moins : elles sont l'effet inévitable de l'intention que vous avez en poursuivant votre phrase mélodique.

Il en est de notre organe vocal, quand il exprime une série de sons ascendante ou descendante, comme de nos membres, lorsque nous leur imprimons des mouvements divers dans le cercle de leur action. Supposons que nous voulions sauter deux intervalles égaux; la pensée seule de faire un saut après un autre nous entraînera à allonger quelque peu le premier, pour avoir moins de difficulté à franchir le second. Si, au contraire, nous ne songeons qu'à faire un seul saut, pour retourner ensuite à l'endroit d'où nous nous serons élancés, nous n'arriverons qu'un peu en deçà du point déterminé dans notre esprit, afin de revenir plus facilement en arrière. Si, en définitive, nous avons en vue de ne plus bouger après avoir sauté, nous tomberons, aussi juste qu'il nous sera possible, à la place que nous nous serons d'avance proposé d'atteindre.

Les variations dans les sons qu'émet la voix, guidée par le sens de la phrase musicale qu'elle veut parcourir, sont analogues aux mouvements du corps soumis à la volonté qui les dirige; elles sont dans l'ordre de notre nature, cette admirable combinaison de matière et d'intelligence dont nous serons éternellement impuissants à découvrir les ressorts secrets.

NOTE IV.

Les notations musicales, dans tous les temps, ont été combinées au point de vue mélodique; l'harmonie n'y a pris aucune part : de là les difficultés qu'oppose à son application la notation moderne.

Th. Nisard a dit : « Les anciennes notations musicales de l'Europe sont, pour la science, un impénétrable mystère: moins heureuses que les hiéroglyphes, elles n'ont pas encore leur Champollion[1]. » M. Fétis les signale comme un « objet d'effroi pour tous ceux qui ont essayé de se livrer à leur étude[2]. » Un grand nombre de savants ont exprimé le même sentiment: quelques-uns ont publié de longues dissertations sur cette question épineuse de l'art et l'ont plus ou moins éclaircie : je nommerai particulièrement M. E. de Coussemaker, celui dont les constantes recherches ont le plus contribué à dissiper les ténèbres qui l'obscurcissaient depuis longtemps. J'emprunterai quelques détails à ses deux principaux ouvrages[3], dans le rapide exposé que je vais faire de l'histoire des notations.

A l'exemple des Grecs, les Romains se sont servis de lettres alphabétiques pour noter les sons musicaux. Vers le ve siècle, où le diagramme du plain-chant ne s'étendait pas au delà de quatorze sons, les sept notes graves furent représentées par les sept premières lettres majuscules de l'alphabet, et les sept notes aiguës par les mêmes lettres minuscules. On nomme généralement cette notation *grégorienne*.

[1] Th. Nisard, *Études sur les anciennes notations de l'Europe*. Revue archéologique, 5e année, Paris, A. Leleux, 1848, p. 701.

[2] *Revue de la musique religieuse, classique et populaire*, fondée par F. Danjou. Paris, année 1845, t. I, p. 278.

[3] *Histoire de l'harmonie au moyen âge*, par E. de Coussemaker, Paris, V. Didron, 1852. *L'art harmonique aux XIIe et XIIIe siècles*, par le même, Paris, A. Durand, 1865.

236   NOTE IV.

N° 73. NOTATION GRÉGORIENNE.

A   B   C   D   E   F   G   a   b   c   d   e   f   g

TRADUCTION EN NOTES MUSICALES.

Sur ce diagramme se posaient les huit tons de saint Grégoire, dont le deuxième (plagal) était le plus bas et le septième (authente) le plus haut. D'après son système, le *la* aigu était inutile, mais il dut être employé dans la musique profane. Cette note complétait le système immuable des Grecs avec la conjonctive, le *si♭*, dont l'emploi était toujours facultatif. On l'écrivait en doublant la lettre *a* minuscule, et il en était de même pour les autres notes, dont on formait une troisième gamme.

Au VIe ou VIIe siècle, un autre système de notation prévalut. Il consistait en signes de différentes formes, tels que points, virgules, accents, petits traits dans diverses directions, crochets, etc. qu'on liait souvent les uns avec les autres. Un assemblage de ces signes s'appelait *neume*. De là vint le nom de *neumatique* qu'on donna à cette notation.

Les signes se plaçaient au-dessus du texte; on les disposait à diverses hauteurs, suivant la gravité ou l'acuité des sons qu'ils exprimaient. Ce mode de notation présentait beaucoup d'incertitude dans la fixation des intervalles, et on ne tarda pas à les séparer par une ligne horizontale qui fut destinée à une note spéciale. On faisait précéder cette ligne d'un C, d'un F, d'un D ou d'un G, c'est-à-dire d'une des quatre lettres par lesquelles, dans la notation précédente, étaient désignés l'*ut*, le *fa*, le *ré* et le *sol*. Ces quatre notes pouvaient ainsi être attribuées à la ligne transversale. Telle fut l'origine de nos clefs et de la portée.

Une seconde ligne fut bientôt accolée à la première, et les deux lignes se traçaient avec des couleurs différentes. Gui d'Arezzo enfin introduisit entre elles deux autres lignes. La portée se composa par là de quatre lignes; la cinquième ne fut ajoutée que postérieurement. Quant aux qualifications des six premières notes de la gamme, qui remontent à cette époque et qui, à présent, sont encore d'usage, tous les musiciens savent comment elles ont été inventées. Ils savent en outre que la syllabe *si* ne fut admise, pour signifier le septième degré de notre gamme moderne, que lorsque le système des muances par hexacordes, dont je n'ai pas à parler ici, fut complétement abandonné.

L'accroissement des lignes horizontales pour former la portée, et l'adjonction à l'une d'elles d'une lettre qui déterminait le degré du diagramme auquel appartenait la note qu'on lui affectait, étaient autant de perfectionnements dans la notation neumatique, notation qui seule fut pratiquée du VIIIe au XIIe siècle. Toute équivoque disparaissait; les intervalles étaient fixés par les lignes; les signes se posaient, soit sur les lignes elles-mêmes, soit dans les espaces intermédiaires. Il en résulta que la multiplicité des signes devint inutile pour la musique religieuse comme pour la musique profane qui, alors, avait beaucoup d'analogie avec le plain-chant, et le nombre en fut diminué. Ces combinaisons nous paraissent d'une simplicité extrême, et pourtant il a fallu bien des siècles pour qu'elles fussent adoptées.

Si nous ne nous en rapportons qu'aux documents et aux ouvrages du temps qui ont pu être conservés, le mesure n'était pas obligatoire dans le chant. Mais la plupart de ces documents et de ces ouvrages sont dus à des moines ou à des théologiens qui n'avaient en vue que le chant d'église, dont la mesure avait été bannie par saint Grégoire. Le rhythme toutefois est tellement un besoin de la nature humaine, qu'il n'a pu être tout à fait négligé dans la musique mondaine. Malheureusement cette musique n'a pas eu ses interprètes, ou, s'ils ont existé, leurs écrits ne nous sont pas parvenus. Ce sont là les motifs qui ont pu faire croire que la mesure n'avait été rétablie dans le chant qu'au moment où une troisième espèce de notation fit renoncer à la notation neumatique.

Dans cette notation, on changea les anciens signes en points carrés ou en losange, auxquels on pouvait ajouter une queue. A l'aide de ces points carrés et en losange, avec ou sans queue, et de leurs différentes dispositions, on déterminait la valeur de durée de chaque note, et la mesure se marquait par une petite barre perpendiculaire sur la portée. Cette nouvelle notation reçut plusieurs qualifications : celle de *proportionnelle*, parce qu'elle indiquait la durée respective des sons; celle de *mesurée*, quand on la soumettait à la mesure; celle de *figurée*, à cause de ses signes qu'on nommait *figures*, et, ultérieurement, celle de *carrée*, par opposition à la notation *ronde* qui lui succéda. Je ne m'étendrai pas davantage sur cette partie de l'histoire des notations, et je renverrai le lecteur qui voudra les mieux connaître aux curieux ouvrages des savants que j'ai cités en commençant cette note.

La notation mesurée ne s'est généralisée que depuis le xiie siècle: mais, à l'époque où l'harmonie fit sa première apparition sous le nom de *contrepoint*, elle ne suffit plus aux combinaisons étranges et bizarres auxquelles l'esprit fantasque des musiciens voulait assujettir l'art et ses développements. Cette notation fut enfin remplacée, vers le xvie siècle, par la notation ronde qui, en s'améliorant graduellement, devint ce qu'elle est de nos jours.

En exposant ce résumé, si succinct qu'il soit, des anciennes notations, j'ai eu pour but d'arriver à une considération générale qui, corroborée par les faits que j'ai rappelés et par les explications qui vont suivre, acquiert une importance qu'on ne saurait contester.

Dans toutes les phases qu'a parcourues la notation musicale, même en nous reportant au temps de la Grèce, le principe mélodique a constamment présidé à ses transformations successives. L'histoire en fait foi. Une échelle tonale, quelle qu'elle fût, était seule nécessaire, et, pour l'obtenir, il n'a jamais fallu plus de sept sons, qui, avec l'adjonction d'une note à titre d'octave, soit de la note la plus aiguë, soit de la note la plus grave, ont, à toutes les époques, composé un système, une octave, un trope, un ton, un mode, une gamme, dénominations diverses qui furent appliquées, l'une après l'autre, au diagramme octacordal.

L'idée de faire entendre à la fois plusieurs sons différents ne devait éclore que beaucoup plus tard; c'était une innovation des plus graves dont les éléments ne pouvaient se manifester d'un seul coup, et ces éléments n'étaient pas de nature à se coordonner facilement avec ceux auxquels la mélodie doit son charme et sa douceur. Nous en avons la preuve dans la *diaphonie*, qui, au VIIIe siècle, fut un premier pas fait dans le domaine de l'harmonie.

La diaphonie, qu'on nommait aussi *organum*, était un chant composé de deux sons dissemblables et simultanés, qui étaient invariablement placés aux intervalles d'octave, de quinte ou de quarte. Le prestige et la majesté des chants à l'octave, de même qu'à l'unisson, ont, dans tous les temps, été reconnus; les Grecs n'employaient pas d'autre intervalle dans leurs chœurs. Mais des successions continues de quintes et de quartes auraient été pour eux, et seraient pour nous aujourd'hui, une véritable cacophonie : cependant elles étaient goûtées. On était bien à cette époque dans l'enfance de l'art harmonique.

Après la diaphonie vint le *déchant*, qui était un progrès. Le déchant fut d'abord un double chant comme la diaphonie, mais les notes des deux parties ne devaient pas suivre la même marche. «Ce qui distinguait surtout le déchant, c'est que le déchant était «un contrepoint mesuré, tandis que la diaphonie était un contre-«point simple de note contre note non soumis à la mesure [1].» Le déchant pouvait être non-seulement double, mais triple et quadruple: ce qu'on entendait néanmoins par accord n'était jamais

---

[1] E. de Coussemaker, *Histoire de l'harmonie au moyen âge*, p. 37.

qu'un intervalle de deux sons. L'art enfin ne consistait pas à disposer les sons harmoniquement; il se réduisait à ajuster des points contre d'autres points sur les portées, d'après les règles pratiques qu'on avait établies. On ne s'inquiétait même pas de leur sens mélodique, qu'on ne connaissait que par l'exécution. Il en est de même encore à présent dans les études qu'on fait du contrepoint. C'est un hasard quand on réussit à obtenir un ensemble harmonieux, et la composition peut être parfaitement régulière, n'avoir pas de fautes, comme on dit en langage d'école, tout en ayant l'effet le plus désagréable à l'oreille. Dans ce cercle d'idées, les musiciens, dont le nombre s'était notablement augmenté, employaient tous les efforts de leur imagination à inventer de nouvelles combinaisons de points; c'était une joute entre eux à qui formerait les plus compliquées, celles qui offriraient le plus de difficultés. Parmi ces combinaisons, nous citerons, entre autres, le canon et l'imitation, qui, sous leurs différentes formes, ont été maintenus dans la science moderne. « L'esprit de calcul, » dit M. Fétis, avait usurpé la place des inspirations du génie[1]. » Les compositions musicales, en définitive, étaient devenues de véritables énigmes qu'on se proposait réciproquement, et on se faisait un honneur de résoudre ces énigmes, toujours avec des points contre des points.

Tel était l'état de l'art à la fin du xve siècle, disons mieux, tel était le désordre dans lequel l'art était tombé. Mais c'est de ce désordre même, parvenu à son plus haut degré, que devaient jaillir les premiers principes de la tonalité harmonique, des accords parfaits et des modes majeur et mineur. Rendons grâces à Palestrina, qui, abandonnant toutes les subtilités des contrepointistes, a compris les beautés d'une harmonie régulière. Rendons grâces aussi à Monteverde, à qui nous devons l'introduction des dissonances naturelles dans les accords, et, dès lors, les

---

[1] F. J. Fétis, *Biographie universelle des musiciens*, t. I, p. LCII.

moyens les plus puissants de modulation. Ce fut alors que le drame lyrique se présenta sur la scène théâtrale avec son cortège harmonique. La musique était désormais consacrée à l'expression de tous les sentiments, de toutes les passions.

Ainsi, deux mille ans s'étaient écoulés, depuis Périclès, sans qu'aucune agrégation de sons, méritant le nom d'accord, ait été introduite dans la musique, et, pendant ces deux mille ans, l'*évitement* du triton a continué d'être une loi inébranlable dans les chants religieux de même que dans les chants profanes. La raison en est patente : les musiciens n'étaient dirigés que par le principe mélodique. Aujourd'hui plusieurs maîtres veulent considérer le triton comme la pierre d'assise de la tonalité harmonique; à mon avis, ils se trompent grandement, car il n'en est et n'en peut être qu'une conséquence. Si le triton ne blesse pas nos oreilles autant que celles des anciens, c'est que nous avons le soin de lui adjoindre d'autres sons qui en atténuent la dureté. Mélodiquement, quand cet intervalle n'est pas soutenu par des accords, il doit être proscrit, et j'ai peine à comprendre comment un professeur peut avoir la barbarie de faire chanter à son élève, sans l'accompagner, des vocalises sur la gamme majeure.

Durant cette longue période de siècles, la tablature des sons musicaux, dans le genre diatonique, n'a pas cessé d'être conforme aux touches blanches de notre clavier. Pour distinguer le *si*, la seule note *altérable* du diagramme, suivant son intonation à l'intervalle de quarte augmentée ou de quarte juste du *fa* inférieur, on s'était servi d'une lettre diversement figurée. Saint Grégoire, pour le premier cas, avait adopté le ♮ carré, d'où dérive le mot *bécarre*, et, pour le second, le ♭ rond ou mou, d'où vient le mot *bémol*. Lorsque la notation mesurée fut seule usitée, l'obligation d'éviter le triton n'en était pas moins impérieuse, et l'on emprunta à l'ancienne notation le ♮ et le ♭, qui, placés devant le point du *si*, eurent les mêmes attributions que celles qu'ils avaient précédemment comme lettres musicales. La forme du bécarre éprouva cependant une légère modification qu'on ne saurait expliquer que par la négligence de la main; on descendit le trait qui complétait son carré et on le figura, dès cette époque, tel qu'il est aujourd'hui (♮).

Jusque-là on n'avait détruit le triton qu'en altérant sa note supérieure, mais le besoin de l'éviter par l'altération de sa note grave se fit bientôt sentir. Or comme, en réalité, le bécarre arrivant après un *si* ♭ était un signe d'augmentation, on se décida à l'appliquer au *fa* naturel. Le bécarre servit donc aussi bien à *débémoliser* le *si* ♭ qu'à *diéser* le *fa*. D'anciens manuscrits constatent ce double emploi. Il fallut à la fin un nouveau signe pour annuler l'effet du bécarre lorsqu'il haussait une note d'un demi-ton, et, au lieu d'en prendre un nouveau, on se contenta, quand on l'accolait à une note naturelle, d'allonger ses branches dans tous les sens. Il fut par là transformé en notre dièse actuel (♯), et ce fut le nom qu'on lui donna. L'ancien bécarre fut réservé pour supprimer, quand il y avait lieu, et le bémol et le dièse.

Cet historique des trois signes accidentels prouve bien que leur invention, comme celle des signes de notation, n'a eu que la mélodie pour objet, et que l'harmonie y est restée étrangère. L'emploi du bémol et du dièse appliqués au *si* et au *fa* sont néanmoins un indice de l'instinct musical qui se portait vers la modulation régulière. Avec le premier se forment la gamme de *fa*, et avec le second la gamme de *sol*, les deux tonalités majeures qui ont le plus d'affinité avec la tonalité d'*ut* intermédiaire. C'étaient en effet celles qui devaient, les premières, venir à l'esprit des musiciens, puisque, n'exigeant qu'une seule altération, elles sont les moins compliquées. Mais l'idée harmonique n'avait aucune part dans ces tentatives primitives de modulation. Pendant vingt siècles, la tonalité a donc été constamment mélodique, et c'est pour cela qu'elle a été à la merci de variations successives dans la disposition des sept sons qui la composent, selon le degré du diagramme qu'on lui affectait.

NOTE IV.

L'harmonie posa ses premières bases sur la notation, telle qu'elle s'était perfectionnée dans l'intérêt absolu du chant, et elle acceptait les dièses et les bémols avec l'inflexion ascendante ou descendante que l'habitude leur avait attribuée. On était loin de se douter des embarras qu'occasionnerait un jour l'absence d'une indication spéciale et uniforme pour chacune des cinq notes laissées en dehors de la gamme naturelle.

Les premiers accords composés de trois sons dont on fit usage durent être ceux qui appartiennent aux sept degrés de la gamme : l'accord parfait majeur, l'accord parfait mineur et l'accord de quinte diminuée. Les renversements de ces accords étaient autant d'accords différents, et, quand la septième mineure de dominante fit son apparition, sa résolution sur l'accord de la tonique devint l'expression la plus directe du sens tonal, dans les deux modes majeur et mineur dont la distinction avait été faite. Peu à peu les maîtres, à l'aide de nouvelles altérations, imaginèrent d'autres accords dissonants, qu'ils soumettaient ou non à la préparation en ne consultant que leur oreille. Parmi les résolutions diverses qu'ils appliquaient à ces accords, il s'en trouvait dont l'écriture devenait impossible sans déroger aux règles qui voulaient qu'une note diésée montât et qu'une note bémolisée descendît, et, par égard pour la notation, on eut l'idée de ce que nous entendons aujourd'hui par *enharmonie*, mot dont le sens n'a aucune analogie avec ce qu'il signifiait du temps des Grecs.

L'enharmonie est la démonstration la plus claire du défaut de notre notation, puisqu'elle autorise à écrire et à qualifier de deux manières un seul et même son, un seul et même intervalle. Il est vrai que les dièses ou les bémols placés devant les notes rendent plus facile la lecture de la musique, mais, et personne n'osera le nier, ces deux signes accidentels sont la source des difficultés qu'ont rencontrées les harmonistes pour préciser la formation et le classement des accords dissonants dont le nombre s'est si considérablement augmenté. De là les contradictions que présentent leurs traités sur cette question si controversée, dans laquelle chacun d'eux veut maintenir son opinion personnelle. Nous pouvons en dire autant des résolutions de ces accords, qu'on appelle si improprement *exceptionnelles*. La science harmonique doit tout expliquer au moyen des rapports acoustiques qui s'établissent entre les sons. Lorsqu'une agrégation de sons ou une résolution de sons simultanés est impraticable, il y a une cause, et il y en a une également quand elle est admissible. Ces causes, il convient de les approfondir, de les mettre en lumière, et tel doit être le but que tout musicien sérieux doit poursuivre pour arriver à placer l'harmonie au niveau des autres sciences.

« Sous le nom d'*harmonie*, dit M. de Coussemaker, on désigne « les lois qui régissent les successions des accords et le système de « leur classification [1]. » De quel principe fait-on procéder ces lois ? Serait-ce des traditions ? Mais, dans les sciences, les traditions se transforment incessamment avec l'expérience et l'observation.

D'après le système que je désirerais voir adopter, la science de l'harmonie consisterait dans la connaissance des lois physiques qui déterminent : 1° la formation et la classification des accords ; 2° les successions ou résolutions de ces accords ; 3° la constitution de la tonalité harmonique.

Pour élever un édifice, il faut d'abord savoir quels sont les matériaux qui peuvent entrer dans sa construction ; on doit ensuite en examiner la nature, et étudier les diverses formes qu'on peut leur donner. Sans ces conditions préalables, on ne serait pas en mesure de faire un choix intelligent de ceux dont l'ajustement offrira aux yeux l'ensemble le plus agréable et le plus harmonieux.

Dans la musique harmonique, les matériaux sont les accords : l'édifice est la tonalité, à laquelle la mélodie vient ajouter ses couleurs lumineuses et dès lors vacillantes. Mais la tonalité a la faculté de se transporter sur tous les degrés sonores ; elle a ce

---

[1] E. de Coussemaker, *L'art harmonique aux XIIe et XIIIe siècles*, p. 92.

double aspect que nous traduisons par mode majeur et mode mineur; elle peut aussi se fusionner avec d'autres tonalités plus ou moins relatives, ou même se borner à leur emprunter passagèrement quelques-uns de leurs accords. Ces accords, elle ne se les approprie qu'en modifiant leurs successions ou résolutions tonales. De là cette quantité infinie d'exceptions auxquelles je faisais allusion tout à l'heure, et qui a fait dire :

« L'harmonie n'est pas, proprement dit, une science, mais plutôt
« un recueil de procédés tirés de la pratique des grands composi-
« teurs, et qui n'ont pas encore été compris dans une formule,
« dans une loi générale. La preuve la plus évidente que la loi de
« l'harmonie est encore à chercher, c'est la multitude d'exceptions
« que l'on est obligé d'accoler à chaque règle, exceptions qui finis-
« sent quelquefois par être appliquées plus souvent que la règle
« elle-même [1]. »

Quel est le musicien consciencieux qui ne serait pas pénétré de ces vérités?

Grâce à Rameau, le principe de l'harmonie n'est plus un mystère. Ce principe, toutefois, est resté presque à l'état de lettre morte, parce qu'on a continué à confondre les règles si élastiques de la mélodie avec les lois inflexibles de l'harmonie.

Aujourd'hui qu'on ne s'en tient plus, dans les compositions musicales, à de simples modulations relatives dans les tonalités d'*ut*, de *sol*, de *fa*, etc. et que l'on met successivement à contribution les douze tonalités majeures et les douze tonalités mineures par des rapports directs ou indirects, consonnants ou dissonants, comment pourrait-on soutenir que tous les sons du diagramme ne doivent pas être fixés à des intervalles égaux?

Le tempérament, je le répète, est la seule base logique de l'harmonie; et, maintenant que cette admirable science a mis au grand jour toutes les richesses, tous les trésors qu'elle a si long-

[1] *Encyclopédie du XIXe siècle*, Paris, 31, rue Jacob, 1854, t. XIII, p. 883.

temps dissimulés à notre perception, le temps est venu de renoncer à ces prétendues règles pratiques qui, jusqu'à présent, ont entravé l'exposé rationnel des principes théoriques sur lesquels elle est fondée. Cessons donc d'admettre des tons majeurs et mineurs, des demi-tons diatoniques et chromatiques. Attribuons aux sons et aux intervalles enharmoniques une valeur équipollente dans la formation des accords; confondons ceux de ces intervalles que la notation nous oblige à distinguer les uns des autres, tels que les tierces mineures et les secondes augmentées, les septièmes mineures et les sixtes augmentées, etc. C'est en détruisant les influences ascendante ou descendante des dièses et des bémols, qu'on peut doter l'harmonie d'un système régulier.

La résonnance naturelle nous a appris que tout accord, consonnant ou dissonant, se constitue par des séries de tierces superposées: suivons cette marche. Par la conjonction de deux tierces à l'état de majorité ou de minorité, nous obtiendrons les quatre accords de quinte qu'on doit considérer comme fondamentaux : l'accord parfait majeur, l'accord parfait mineur, l'accord de quinte diminuée et l'accord de quinte augmentée. (Voir l'exemple n° 75. p. 253.) De ces accords, les trois premiers seuls appartiennent à la tonalité majeure; ils ne se trouvent tous les quatre que dans la tonalité mineure, où ils sont disposés par intervalles de tierces à partir de la tonique.

N° 74. FORMATION SÉRIELLE DES QUATRE ACCORDS DE QUINTE FONDAMENTAUX.

(MODE MINEUR.)

Accords : parfait mineur, de quinte aug^{te}, parfait majeur, de quinte dim^{ée}.

Prenons ensuite deux des accords de quinte, réunissons-les avec deux notes communes, et nous aurons sept espèces d'accords de septième qui, de même que les quatre accords de quinte, se posent alternativement de tierce en tierce sur les degrés du mode mineur, celui de nos deux modes qui a le privilége exclusif de renfermer tous les accords, tant consonnants que dissonants. (Voir l'exemple n° 76. p. 255.)

Nous chercherions en vain une autre combinaison pour former des accords de trois ou de quatre sons à l'intervalle de tierce.

On pourrait aller jusqu'à composer dix accords de neuvième par la fusion de deux accords de septième, et ces dix accords se rencontrent également dans le mode mineur avec sensible ou sous-diatonique.

Quant aux altérations que l'art a fini par introduire dans les divers accords de cette classification, ce seraient là de véritables exceptions. Encore pourrait-on les expliquer, comme les retards, etc.

Telle devrait être la première section de la science harmonique; la seconde concernerait la connaissance des successions ou résolutions que chaque accord est susceptible de recevoir.

Dans les émanations harmoniques du son générateur, nous distinguons d'abord l'accord parfait majeur, l'accord de septième mineure, dit *de dominante*, et l'accord de neuvième mineure; puis, par la suppression du générateur, l'accord de septième diminuée, et, en retranchant encore la neuvième, l'accord de quinte diminuée. Ces cinq accords, en raison de leur origine, doivent être admis à titre d'accords *naturels,* et ce sont les seuls qui aient la faculté d'être suivis de tous les accords parfaits majeurs, à l'état fondamental ou de renversement, qui se posent sur les degrés de la gamme chromatique. Ces successions ou résolutions seront sans doute difficiles à appliquer à l'accord de neuvième mineure, mais elles sont possibles; donc le principe posé n'est pas faussé.

Les successions ou résolutions qui sont praticables avec d'autres accords sont plus ou moins limitées. Elles dépendent des tendances appellatives qui existent, dans des proportions différentes, entre chacun des sons dont un accord est composé et ceux de l'accord qu'on lui fait succéder.

Ces appellations nous sont révélées par les harmoniques consonnants du son générateur, et portent nécessairement sur des notes de repos. Elles s'établissent aux intervalles de quinte et de tierce majeure à l'aigu et au grave, et même à l'unisson, qui est le renversement de l'octave. Leur effet est réciproque, on le comprend aisément, car, s'il y a une affinité entre un son générateur et ses deux harmoniques consonnants, il y a aussi une affinité qui s'exerce, dans un sens inverse, de ces deux harmoniques à leur générateur.

C'est par l'analyse de ces diverses appellations harmoniques, dont les unes s'accorderont, et dont les autres se combattront dans les successions de deux accords donnés, que nous pourrons nous rendre compte, non-seulement de la douceur ou de la dureté de ces successions, mais de la douceur ou de la dureté des accords eux-mêmes à leur état constitutif. Elles nous enseigneront en outre pourquoi l'accord parfait mineur est notamment moins maniable que l'accord parfait majeur.

Des exemples démonstratifs seraient indispensables pour développer cette partie théorique de la science de l'harmonie, qui a pour base les rapports acoustiques des sons; la dimension de cette note ne me permet pas d'y recourir. Une question d'ailleurs en amène une autre ou fait naître une objection à laquelle il faudrait répondre, et mon but n'est ici que de présenter un aperçu de la théorie qui, aujourd'hui, captive mon attention.

La troisième section de la science harmonique traiterait enfin des bases constitutives des tonalités majeure et mineure, et de l'introduction dans ces tonalités de l'élément mélodique qui, uni à l'élément harmonique, complète l'édifice commun, en le revêtant de ses formes souples et gracieuses.

L'harmonie et la mélodie sont deux sœurs nées sous la même étoile, douées des mêmes instincts, enchaînées par les liens les plus étroits, et destinées à ne jamais se séparer sans perdre de leur force ou de leur charme. Elles se prêtent un mutuel appui:

quand l'une se sacrifie, se tient dans l'ombre, c'est pour faire briller l'autre à ses dépens, jusqu'à ce qu'il lui appartienne, à son tour, de reparaître dans un nouvel éclat. Mais si l'une ou l'autre s'efface complétement, les sensations que provoquent en nous leur action simultanée et l'enlacement sympathique de leurs mouvements respectifs cessent d'avoir leur plénitude.

L'alliance fraternelle de la mélodie et de l'harmonie n'est autre que celle de l'art et de la science, et toutes deux doivent se faire des concessions. Si la mélodie s'assujettit à la rigueur des principes harmoniques, l'harmonie se soumet à la tolérance mélodique des sons, dans la mesure que comporte la régularité de ses accords.

Dans cette troisième section, la science ne s'opposera donc plus à l'inflexion ascendante ou descendante du dièse et du bémol, pourvu qu'ils n'affectent pas les sons de repos. Elle permettra même que cette inflexion s'étende au delà du demi-comma ordinaire, et, par là, elle s'emparera de toutes les ressources qui sont l'apanage de la mélodie. C'est grâce à cette association de l'art et de la science que le génie se livrant à ses inspirations mélodiques, mais contenu et toujours guidé par les règles de l'harmonie, s'élèvera à la hauteur des plus belles conceptions, et que nous pourrons dire avec Halévy :

« L'harmonie est la lumière des sons; elle les pénètre et les « anime; elle les enlace et les féconde; elle ordonne que des sons « différents réunis en faisceau, suivant les lois qu'elle a dictées, « vivent d'une vie commune, frappent d'une seule étincelle l'oreille « et l'intelligence, et ne forment plus qu'un seul rayon et qu'une « seule flamme [1]. »

[1] F. Halévy, *Souvenirs et portraits; études sur les beaux-arts*. Paris, Michel Lévy frères, 1861, p. 283.

NOTE V.

Des améliorations à introduire dans le mode de chiffrer les accords.

Il y a cent ans environ, J. J. Rousseau écrivait ces lignes :
« La composition des chiffres est venue du temps et du hasard
« plutôt que d'une étude réfléchie, et il n'est pas étonnant qu'il s'y
« rencontre des fautes et des contradictions [1]. » Il aurait dû ajouter
que ces chiffres donnaient lieu à de nombreuses équivoques.

Depuis lors, le *chiffrage* des accords n'a éprouvé aucun changement : les mêmes fautes, les mêmes contradictions et les mêmes équivoques existent, et les professeurs, qu'une habitude prolongée a familiarisés avec toutes les irrégularités de nos chiffres, semblent ne plus se douter des difficultés qu'elles offrent à l'esprit de leurs élèves.

Ce qu'il faudrait, et c'est là le but réel des chiffres, ce serait qu'ils représentassent rigoureusement les divers intervalles qui entrent dans la formation des accords, et que chaque intervalle ou chaque accord fût chiffré de manière à ne pas être confondu avec un autre.

Or, dans l'enseignement moderne, on emploie plusieurs formes pour chiffrer le même accord. Je ne citerai que l'accord parfait majeur qui, suivant l'armure de la clé, peut être exprimé au moins par dix figures différentes. Et cependant il s'agit ici de l'accord par excellence, de celui qui est le fondement de l'harmonie et de la tonalité. D'un autre côté, on se sert souvent d'un seul et même chiffre pour des accords de diverses espèces, et il en résulte des indécisions.

Devrons-nous donc respecter à jamais la vieille routine de nos

---

[1] J. J. Rousseau, *Dictionnaire de musique*. Paris. Lefèvre. 1819, t. I, p. 147.

chiffres aux dépens de la raison et du progrès? Où en seraient toutes les sciences, qui ont pris un si grand essor, si nous eussions regardé comme sacrées et inviolables les théories que nous ont léguées nos devanciers? Une modification bien simple, presque insignifiante, suffirait toutefois pour faire disparaître les défauts de notre mode de chiffrer, et, dût mon initiative être blâmée, je proposerai un moyen dont l'application me semble bien facile.

Pénétré des inconvénients qu'introduisent dans la science harmonique les dièses, les bémols et les bécarres, étant entendu qu'on admette leur inflexion mélodique, ma première pensée a été de les supprimer des chiffres. Nous avons la croix + placée à côté du chiffre, et la barre diagonale / à travers le chiffre, pour indiquer la diminution ou l'augmentation chromatique des intervalles. Ces signes sont excellents, et il n'y a aucun motif pour leur substituer un ♯, un ♭ ou un ♮, ainsi qu'on le fait souvent. Le ♯, le ♭ et le ♮ sont encore usités dans le chiffrage des accords parfaits à l'état fondamental et de renversement, pour déterminer, suivant le cas, la majorité ou la minorité de leur tierce ou de leur sixte. Mais j'ai reconnu qu'on pouvait s'en débarrasser, en décidant que l'absence de tout signe ajouté au chiffre désignerait la majorité de ces deux intervalles, qui seraient toujours représentés par 3 et 6, et en adoptant un signe quelconque pour leur minorité.

Le signe que j'ai choisi n'est autre que la barre diagonale, au-dessus de laquelle on poserait le chiffre. Cette barre, qui est un signe de diminution quand elle traverse le chiffre, aurait un effet presque analogue étant placée au-dessous. La tierce et la sixte mineure se chiffreraient, en conséquence, par 3̣ et 6̣, et nous n'aurions plus recours à ces dièses, à ces bémols et à ces bécarres qui apportent tant de confusion dans les chiffres des accords résultant d'une classification régulière.

Ce n'est pas tout que de se rendre coupable d'une innovation, et, je l'avoue, je me pose ici en novateur, il faut encore que cette

NOTE V. 253

innovation ait un caractère de simplification bien décidé pour qu'elle ait quelque chance d'être approuvée.

Dans ce but, on ne chiffrerait la tierce et la sixte que lorsqu'il y aurait obligation absolue, ainsi du reste que la pratique le permet. Mais en retranchant les chiffres de ces deux intervalles, quand ils sont compris dans un accord, il n'en faut pas moins distinguer leur état majeur ou mineur. A cet effet, au lieu de poser la barre diagonale sous le 3 ou le 6, que l'on supprimerait, on l'accolerait au chiffre principal, qui serait conservé pour exprimer l'accord.

Ces explications deviendront plus nettes par l'exemple démonstratif suivant, qui concerne les quatre espèces d'accords de quinte.

N° 75. ACCORDS DE QUINTE.

La première portée indique les origines des accords, et la deuxième leur formation fondamentale. Les premiers chiffres, dans cette deuxième portée, aussi bien que dans les suivantes, reproduisent les deux intervalles dont se composent les accords, et ceux qui sont placés à côté, leur simplification, conformément à ce qui vient d'être dit.

Ainsi le 5 de l'accord parfait majeur n'a pas de barre : donc sa tierce est majeure; le 5̵ de l'accord parfait mineur en a une ; donc sa tierce est mineure.

La tierce est toujours mineure dans l'accord de quinte diminuée, et majeure dans l'accord de quinte augmentée; les chiffres 5̵ et +5, qui sont employés pour ces deux accords, ne laissent rien à désirer.

Dans les premiers renversements des accords parfaits majeur et mineur, la majorité ou la minorité de la sixte entraîne celle de la tierce, et ces renversements se chiffreront par 6̵ et 6.

Il en est autrement pour les premiers renversements des accords de quinte diminuée et de quinte augmentée, dans lesquels les intervalles de tierce diffèrent, quant à leur état, des intervalles de sixte. On ne peut ici éviter les doubles chiffres, qui seront $\frac{6}{3̵}$ pour le premier, et $\frac{6}{3}$ pour le second.

Les deuxièmes renversements des quatre accords de quinte contiennent une sixte qu'il est superflu de chiffrer, et les chiffres réduits de ces renversements seront 4 pour l'accord parfait majeur, 4̵ pour l'accord parfait mineur, —4 pour l'accord de quinte diminuée, et $\frac{+}{4}$ pour l'accord de quinte augmentée.

Il va sans dire que si l'on veut retarder une note dont le chiffre aura été retranché, ce chiffre devra être rétabli.

Nous procéderons de la même façon pour les accords dissonants composés de quatre sons. Dans la première portée de l'exemple démonstratif ci-après, vous avez les origines de ces accords qui proviennent de la fusion de deux espèces d'accords de quinte avec deux notes communes: la seconde en donne la série à l'état fondamental, et les trois autres à l'état de premier, deuxième et troisième renversement.

NOTE V.   255

N° 76. ACCORDS DE SEPTIÈME.

Le principe du chiffrage des accords de septième est celui-ci :

A l'état fondamental, il suffit de chiffrer l'accord de quinte à la basse et l'intervalle de septième, deux de leurs notes étant communes. Les seuls de ces accords qui puissent être exprimés par un chiffre unique sont les accords *naturels* de septième mineure de dominante et de septième diminuée.

Le premier renversement des accords de septième se forme d'un accord de quinte et d'un accord de sixte superposés avec deux notes communes : il aura pour chiffres $\frac{6}{5}$.

Le deuxième renversement a pour base la fusion d'un accord de sixte et d'un accord de sixte et quarte. La note aiguë de l'accord de sixte n'a pas besoin d'être chiffrée, puisqu'elle porte sur la note aiguë de l'accord de sixte et quarte : ses chiffres seront $\frac{4}{3}$.

Le troisième renversement se compose, toujours avec deux notes communes, d'un accord de sixte et quarte et d'un accord de quinte, dont la note aiguë ne demande pas à être chiffrée, puisqu'elle se confond avec celle de l'accord de sixte et quarte. On le chiffrera par $\frac{4}{2}$.

Il ne reste plus qu'à adjoindre à ces chiffres $\frac{7}{5}$, $\frac{6}{5}$, $\frac{4}{3}$, $\frac{4}{2}$, soit la barre en dessous, soit la barre à travers, soit la croix; et avec ces trois signes accessoires, disposés d'après les indications que j'ai énoncées plus haut, les sept accords de septième seront chiffrés tous d'une manière différente, ainsi que leurs renversements, sans qu'aucun intervalle soit omis, enfin avec une précision complète; l'un ne pourra jamais être pris pour l'autre.

Le même système serait adopté pour le chiffrage des accords de neuvième, qui se forment de deux accords de septième superposés à l'intervalle de tierce, comme les accords de septième de deux accords de quinte.

Je n'ai voulu donner, dans ce court exposé, que l'idée sommaire d'un mode de chiffrage qui me paraît indispensable, en prenant le tempérament pour base de l'harmonie. Par là on délivrera les chiffres, qui sont d'un si grand intérêt dans l'enseignement, de toutes les complications qu'y apportent les signes accidentels. C'est déjà bien assez d'être forcé de confondre les intervalles enharmoniques, si on veut analyser les principes de la science d'après les lois acoustiques. Nous sommes loin d'ailleurs de renoncer à l'emploi des dièses, des bémols et des bécarres, ce serait faire un affront à notre notation moderne, et, plus que tout autre, j'entends la maintenir, surtout alors que l'élément mélodique est uni à l'élément harmonique.

En me rappelant néanmoins l'exemple démonstratif n° 57

(p. 183), dont je me suis engagé à expliquer les chiffres, je dois dire que l'accord de neuvième mineure étant la reproduction de la résonnance naturelle, je lui attribue le chiffre 9, sans aucun signe additionnel, de même qu'au 7, chiffre de l'accord de septième mineure de dominante. D'après ma nouvelle méthode de chiffrer, le 9 de l'accord de neuvième majeure devra, ainsi que le 7 de l'accord de septième majeure, être muni d'une +.

J'ajouterai encore que, bien que j'aie indiqué par un ♯ l'altération de la quinte dans l'accord de neuvième mineure avec quinte diminuée, qui n'entre pas dans la classification des accords régulièrement constitués, comme je la comprends, on pourrait, toutes les fois qu'un de ces accords serait altéré dans un de ses intervalles, se servir du dièse et du bémol. L'apparition de ces signes aurait alors un avantage sur lequel je ne crois pas devoir insister.

LISTE DES NOMS PROPRES
CITÉS DANS L'OUVRAGE.

A

Achille, p. 8.
Adraste, p. 121.
Alembert (D'), p. 228.
Alexandre le Grand, p. 40.
Alypius, p. 40, 44, 55, 72, 120, 191, 197, 199, 203, 205, 208, 212 à 214.
Amoibée, p. 156.
Amphion, p. 2, 18, 158.
Amyot, p. 7, 154.
Anacréon, p. 201.
Anaxilas, p. 72.
Apollon, p. 17, 144.
Apulée, p. 160.
Aristide Quintilien, p. 40, 199, 203, 204, 207, 210 à 213.
Aristote, p. 13, 15, 40, 118, 131, 156, 157, 160, 201.
Aristoxène, p. 22, 39, 40, 54, 55, 64, 69, 71 à 73, 119, 120, 121, 124, 125, 127 à 133, 151, 180, 191 à 193, 199, 203 à 209, 212, 213, 217, 219.
Arius, p. 166, 167, 169, 170.
Asclépiodote, p. 33, 132.
Athénée, p. 40, 160, 201, 216.

B

Bacchius le Vieux, p. 40, 121, 123 à 125, 199, 202 à 204, 208, 209.
Barthélemy (L'abbé), p. 152.
Beethoven, p. 181.
Boèce, p. 214.
Bossuet, p. 123.
Brossard, p. 152.
Burette, p. 33.

C

Caligula, p. 193.
Cassiodore (Aur.), p. 213.
Censorinus, p. 17.
Charles, p. 228.
Cicéron, p. 119.
Cléonidas, p. 205.
Clinias, p. 8.
Coussemaker (E. de), p. 235, 239, 244.

D

Danjou, p. 235.
Damascius, p. 33.
David, p. 8.
Diane, p. 17.
Dübner (F.), p. 150.

E

Épaminondas, p. 158.
Esculape, p. 148.
Estève, p. 225.
Euclide, p. 199, 204, 205.

F

Fétis, p. 39, 119, 216, 228, 240.

G

Gaudentius, p. 16, 40, 199, 202, 204.
Grétry, p. 5.
Grote (G.), p. 258.
Guy d'Arezzo, p. 39.

H

Halévy (F.), p. 5, 250.
Haydn, p. 181.
Helmholtz, p. 225.
Héraclide, p. 72.
Hésiode, p. 4.
Hiéron, p. 215.

I

Innocent III, p. 168.
Isménias, p. 156.

J

Jamin, p. 88.

K

Koenig (R.), p. 225, 227.

L

Laborde (De), p. 80, 157.
Lamprocle, p. 68.
Lasallette (De), p. 34, 213.
Longin, p. 150.
Lucas (L.), p. 132.
Lucien, p. 160.
Lycurgue, p. 3.
Lysandre, p. 201.

M

Macrobe, p. 132.
Martini, p. 152.
Meibomius (M.), p. 199, 204.
Mendelssohn, p. 5.
Mercure, p. 17 à 20.
Meyerbeer, p. 181.
Momigny, p. 28, 115, 208.
Monteverde, p. 39, 240.
Montucla (J. F.), p. 205.
Mozart, p. 5, 181.
Musée, p. 3.

N

Néron, p. 193.
Nicomaque, p. 40, 199, 214.
Niedermeyer, p. 179.
Nisard (Th.), p. 235.

O

Olympe l'Ancien, p. 17, 18, 20, 32, 33.
Olympe le Phrygien, p. 32.
Orphée, p. 2, 18 à 20, 25.
Ortigues (D'), p. 145, 148, 179.

P

Pachymere, p. 214.
Paganini, p. 136.
Palestrina, p. 240.
Pappus, p. 204.
Périclès, p. 10, 19, 34, 40, 42, 56, 72, 121, 168, 176, 191, 193, 213, 214, 241.
Perne, p. 54, 216.
Photius, p. 33.
Phrynis, p. 3.
Pindare, p. 215.
Platon, p. 3, 5, 7, 10, 39, 63, 64,

71, 73, 121, 145, 152, 156, 160, 192, 193.
Plutarque, p. 7, 33, 40, 54, 68, 80, 132, 151, 153, 154, 156, 159, 160, 211, 212.
Polybe, p. 7.
Proclus, p. 121.
Pronomus, p. 158.
Prony (De), p. 228.
Ptolomée, p. 40, 214.
Pythagore, p. 21, 22, 192, 193.
Pythocrites, p. 156.

Saint Ambroise, p. 169 à 174, 177.
Saint Augustin, p. 168.
Saint Bernard, p. 168.
Saint Grégoire de Nazianze, p. 168.
Saint Grégoire le Grand, p. 174 à 177, 236, 237, 241.
Saint Jean Chrysostome, p. 168.
Saint Justin, p. 168.
Saül, p. 8.
Sauveur, p. 225.
Simonide, p. 22.
Socrate, p. 4.

R

Rameau, p. 221, 245.
Richard de Saint-Victor, p. 168.
Rossini, p. 181.
Rousseau (J. J.), p. 71, 129, 152, 179, 210, 251.
Roussier (L'abbé), p. 80, 157.

T

Terpandre, p. 3, 19 à 21, 191, 192.
Théon de Smyrne, p. 15.
Thémistocle, p. 4.
Timothée, p. 3, 19, 20, 25, 27 à 29, 32, 41, 191.

S

Sacadas, p. 156.
Sabous (De), p. 218.

V

Vincent (J. H. A.), p. 197 à 199, 203, 204, 206, 212 à 216.

TABLE DES MATIÈRES.

Pages.

ÉTUDE I. — INTRODUCTION. De la musique chez les Grecs; de sa prééminence entre les sciences et les arts; de son influence morale et politique; des difficultés que présente son étude. 1

ÉTUDE II. — Des éléments constitutifs de la musique grecque, et, en particulier, de l'intervalle de quarte; de la lyre à son origine et de ses modifications successives; du tétracorde et de ses divisions mélodiques; des premiers systèmes et de leur extension progressive; des genres diatonique, chromatique et enharmonique. 13

ÉTUDE III. — Des trois systèmes désignés sous les noms de *conjoint*, *disjoint* et *immuable*; des tropes fondamentaux et de leurs plagaux. . 39

ÉTUDE IV. — Des sept tropes des anciens Grecs; de divers autres tropes, et principalement du trope mixolydien; de l'application aux tropes fondamentaux des genres chromatique et enharmonique. . . . 59

ÉTUDE V. — Exposé d'une théorie nouvelle sur l'assimilation des sons aux couleurs prismatiques, au point de vue de la tonalité moderne; des tonalités pentacordales. 85

ÉTUDE VI. — Des irrégularités du système musical des Grecs, déduites de l'assimilation des sons aux couleurs; des notes finales et des cadences; de la théorie d'Aristoxène en opposition avec celle des Pythagoriciens; de la tolérance mélodique et de l'attraction chromatique. 111

ÉTUDE VII. — De l'organe de la voix; de l'origine de la poésie et du chant; du rhythme et du mètre; des effets physiques et moraux du rhythme et de la mélodie; de l'enseignement musical; de la notation; des métaboles; de la mélopée; de la musique au théâtre; des instruments et de la musique instrumentale; des nomes en général; des divers caractères des genres et des tropes. 141

264   TABLE DES MATIÈRES.

Pages.

ÉTUDE VIII. — De la musique dans le culte chrétien: du chant ambrosien; du chant grégorien; des tons authentes et plagaux du plainchant; de leurs rapports avec le système musical des Grecs; des enseignements qu'on peut tirer de la musique ancienne et du plainchant, au profit de la tonalité moderne; de la gamme chromatique phrygienne. Conclusion 165

NOTES SUPPLÉMENTAIRES.

NOTE I. — Sur la division tétracordale des tropes dorien et lydien, et sur leurs positions respectives dans les divers systèmes........... 197

NOTE II. — Des origines de la tonalité harmonique et de la gamme chromatique... 221

NOTE III. — Au sujet de la tolérance mélodique................ 231

NOTE IV. — Les notations musicales, dans tous les temps, ont été combinées au point de vue mélodique; l'harmonie n'y a pris aucune part; de là les difficultés qu'oppose à son application la notation moderne... 235

NOTE V. — Des améliorations à introduire dans le mode de chiffrer les accords... 251